Herbert Garber

Claim Management und Verhandlungstechnik

Herbert Garber

Claim Management und Verhandlungstechnik

Aktive Risiko- und Erfolgssteuerung im Projektgeschäft

Trainerverlag

Impressum/Imprint (nur für Deutschland/only for Germany)
Bibliografische Information der Deutschen Nationalbibliothek: Die Deutsche Nationalbibliothek verzeichnet diese Publikation in der Deutschen Nationalbibliografie; detaillierte bibliografische Daten sind im Internet über http://dnb.d-nb.de abrufbar.

Coverbild: www.ingimage.com

Verlag: Der Trainerverlag ist ein Imprint der
Südwestdeutscher Verlag für Hochschulschriften GmbH & Co. KG
Dudweiler Landstr. 99, 66123 Saarbrücken, Deutschland
Telefon +49 681 37 20 271-1, Telefax +49 681 37 20 271-0
Email: info@verlag-trainer.de

Herstellung in Deutschland:
Schaltungsdienst Lange o.H.G., Berlin
Books on Demand GmbH, Norderstedt
Reha GmbH, Saarbrücken
Amazon Distribution GmbH, Leipzig
ISBN: 978-3-8417-5012-9

Imprint (only for USA, GB)
Bibliographic information published by the Deutsche Nationalbibliothek: The Deutsche Nationalbibliothek lists this publication in the Deutsche Nationalbibliografie; detailed bibliographic data are available in the Internet at http://dnb.d-nb.de.

Cover image: www.ingimage.com

Publisher: Trainerverlag
is an imprint of the publishing house
Südwestdeutscher Verlag für Hochschulschriften GmbH & Co. KG
Dudweiler Landstr. 99, 66123 Saarbrücken, Deutschland
Phone +49 681 37 20 271-1, Fax +49 681 37 20 271-0
Email: info@verlag-trainer.de

Printed in the U.S.A.
Printed in the U.K. by (see last page)
ISBN: 978-3-8417-5012-9

ABBILDUNGSVERZEICHNIS

TABELLENVERZEICHNIS

1 EINFÜHRUNG

Heutzutage erfordern geringe Gewinnspannen und der intensive Wettbewerb im Projektgeschäft dessen genaue Vertragserfüllung. Aufgrund der Komplexität von Leistungen im Projektgeschäft sind während des Ablaufs mehrjähriger Projekte Änderungen des Leistungsgegenstandes und Störungen bzw. Behinderungen des Projektablaufes die Regel. Meist kann der Kunde seine eigenen Erwartungen und Wünsche erst während der Projektabwicklung konkretisieren.

Bei einer Änderung von vertraglichen Vereinbarungen entstehen Nachforderungen (Claims). Diese vertraglichen Abweichungen können zu Mehrkosten und Terminverzögerungen führen.

Da das wirtschaftliche Ergebnis immer häufiger durch Abweichungen in der Projektabwicklung oder durch graue Zonen im Vertrag geschmälert wird, soll durch einen aktiven Umgang mit finanziellen, sachlichen oder terminlichen Claims das Projektgeschäft erfolgreich gestaltet werden.

Dieses Buch wurde in einem auf solche Tätigkeiten spezialisierten Unternehmen erarbeitet, in welchem der Autor tätig ist.

1.1 BESCHREIBUNG DER AUSGANGSSITUATION UND ZIELSETZUNG

In den letzten Jahren ist die erfolgreiche Abwicklung des Projektgeschäfts zunehmend schwieriger geworden. Gründe hiefür sind der zunehmende Wettbewerbsdruck durch Mitbewerber sowie der Rückgang von Gewinnmargen. Dies hat zu einer stärkeren Betonung auf die Preiskomponente des Projektgeschäfts geführt.

Die Komplexität bei großen Baustellen hinsichtlich der geforderten Technik, kurze Reaktionszeiten in der Projektentwicklung und deren größere Aufgabenspezialisierung erschweren zudem die erfolgreiche Ausführung eines Projektes dieser Art.

Aufgrund der aufgezeigten Problematik sind die Auftragnehmer heutzutage gezwungen, die Kalkulation ihrer Angebote nahe ihrer Grenzkosten und sogar unter ihrem eigenen Deckungsbeitrag zu erstellen, um überhaupt einen Auftrag zu bekommen. In der heutigen Zeit ist eine Kalkulation mit Sicherheitszuschlägen nicht mehr zu realisieren. Die Folge solch knapper Kalkulationen ist, dass vertragliche Abweichungen der Liefer- und Leistungserstellung nicht einfach akzeptiert werden können und dass die ausführenden Firmen ihre vertraglichen Verpflichtungen unbedingt einhalten müssen. Daher wird die Bedeutung des Claim Managements immer wichtiger und wird diese Managementform seit langem erfolgreich in der Bauindustrie praktiziert.

Das gesamtheitliche Claim Management funktioniert jedoch nur im Zusammenhang mit einem optimierten Änderungsmanagement.

Das Änderungsmanagement als Management von Kostenänderungen entscheidet im Projektgeschäft oftmals über Erfolg oder Misserfolg. Deshalb ist eine frühzeitige Erkennung von Änderungen in Bezug auf die technischen und kaufmännischen Belange, durch ein gezieltes Änderungsmanagement unentbehrlich.

Warum wird überhaupt Änderungs- und Claim Management im Projektgeschäft eingesetzt und wie sollte dies grundsätzlich geschehen?

Diese Fragen sollen in dieser Arbeit beantwortet werden und es wird eine Gestaltungsempfehlung zur Vorgehensweise des Claim Managements erstellt. Diese Empfehlung wird bereits in der Vertragsgestaltungsphase aktiv und reicht bis zur Projektnachbereitung. Das Ziel ist die vollständige Ausnutzung aller Claimpotentiale im laufenden Projekt und somit eine Sicherung des Projekterfolges.

1.2 METHODIK UND AUFBAU DER ARBEIT

Diese Arbeit untergliedert sich in vier Teile, wobei im ersten Teil (2. Kapitel) die thematischen Grundlagen aus theoretischer Sicht vermittelt werden. Die Hauptbegriffe des Themas werden definiert und die Grundlagen des Änderungs- und Claim Managements erläutert.

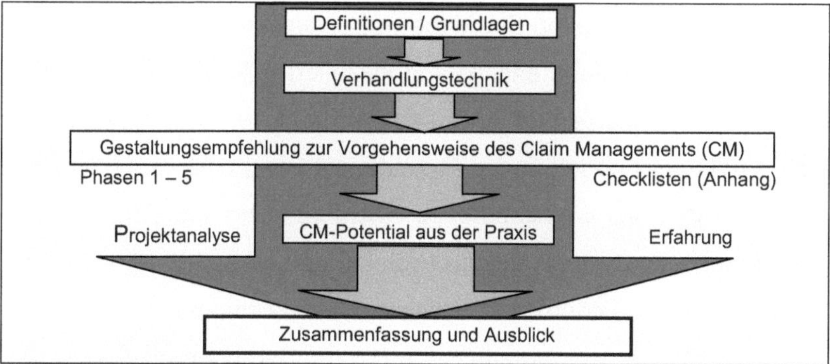

Abb. 1: Aufbau der Arbeit

Im zweiten Teil (3. Kapitel) wird als mögliche Verhandlungstechnik das Harvard Konzept aufgezeigt und erklärt, wie dieses eingesetzt werden kann.

Im darauf folgenden Kapitel wird mittels einer Gestaltungsempfehlung der Umgang mit Claim Management dargestellt und wie Claim Management im Projektgeschäft eingesetzt werden soll. Diese Empfehlung ist auf die im ersten Teil vermittelten Grundlagen aufgebaut. Anhand von Checklisten wird der Arbeitsablauf kontrolliert.

Im fünften Kapitel dieses Buches wird das Potential, das durch Änderungs- und Claim Management erreicht werden kann, untersucht. Anhand eines Projektes aus der Praxis wird das Claimpotential ermittelt und vorgestellt. Es werden anhand von Erfahrungswerten aus

der Praxis die Erfolge und die Wichtigkeit des Claim Managements aufgezeigt.
Abschließend wird im letzten Kapitel der Sachverhalt auf die wesentlichen Punkte zusammengefasst und endet mit einer Schlussbetrachtung (vgl. Abb. 1).

2 GRUNDLAGEN

Die allgemeine Situation der Mitbewerber am Bau zwingt die Unternehmen zur Erstellung sehr knapp kalkulierter Angebote, um überhaupt noch konkurrenzfähig zu sein. So kann es sein, dass durch geringe Abweichungen in der Projektausführung oder durch Unklarheiten im Vertrag, welche zu einer Nachforderung des Vertragspartners führen, das wirtschaftliche Projektergebnis gefährdet wird. Ein weiteres Risiko stellen unkontrollierte Mehrleistungen dar, welche durch verspätete oder unterlassene Nachforderungen nicht verrechnet werden können (vgl. Schwinghammer 2004).
Im folgenden Kapitel werden die Grundlagen der Thematik beschrieben. Im ersten Teil wird auf das Änderungsmanagement als Grundlage für ein erfolgreiches Claim Management eingegangen und anschließend wird das Claim Management erläutert.

2.1 ABGRENZUNG DER THEMATIK

Da eine vollständige Behandlung aller Bestandteile des Vertragsmanagements den Rahmen dieses Buches sprengen würde, wird lediglich auf das Änderungs- und Claim Management als Teil des Vertragsmanagements eingegangen (vgl. Abbildung 2).

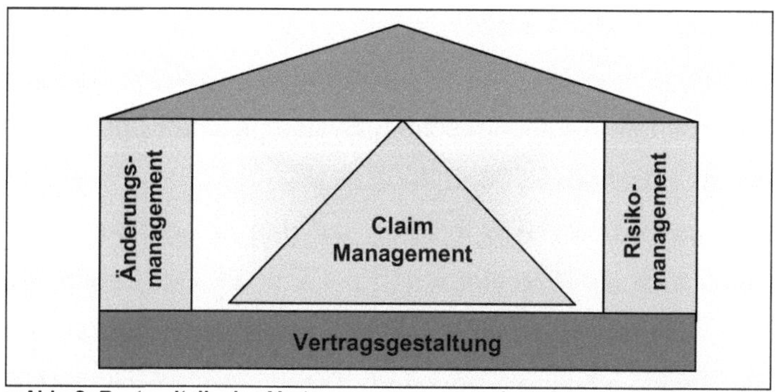

Abb. 2: Bestandteile des Vertragsmanagements (vgl. Schimmel 2003, S 2)

Das Änderungsmanagement dient der Identifizierung aller technischen und kaufmännischen Änderungen gegenüber den vertraglichen Regelungen (vgl. Patzak und Rattay 2004, S 308). Das Claim Management dokumentiert diese zusätzlichen Ansprüche und hat die Durchsetzung (bzw. Abwehr) dieser Nachforderungen (Claims) zur Aufgabe. Risikomanagement bezieht sich auf die Risken, welche das Erreichen der Projektziele durch Ereignisse oder Handlungen innerhalb und außerhalb des Unternehmens gefährden.

Die Grundlage für die drei Bestandteile ist die Vertragsgestaltung (vgl. Abbildung 2). Sie ist die Basis für ein erfolgreiches Projekt, da dort durch die unterzeichneten Projektverträge die sachlichen, terminlichen und finanziellen Verpflichtungen der jeweiligen Vertragspartei definiert werden (vgl. Schimmel 2003, S 2).
Eine ausführliche Definition der Begriffe Änderungs- und Claim Management findet anschließend in den theoretischen Grundlagen des zweiten Kapitels statt (vgl. Kapitel 2.2.).

2.1.1 BESCHREIBUNG DER VIER GESCHÄFTSARTEN

Im Geschäftstypenansatz von Backhaus wird zwischen vier Geschäftstypen unterschieden:

Produktgeschäft, Anlagengeschäft, Systemgeschäft und Zuliefergeschäft (vgl. Backhaus 2003, S 305f).
Dieses Buch bezieht sich lediglich auf das Anlagengeschäft, welches u.a. auch als Projektgeschäft bekannt ist. Der Begriff Projektgeschäft, welcher in dieser Arbeit verwendet wird, wird im Bauwesen allgemein einheitlich verwendet. Dieser ist aber mit dem Begriff Anlagengeschäft gleichzusetzen.

2.1.2 DEFINITION DES BEGRIFFS PROJEKTGESCHÄFT

Das Projektgeschäft hat im Vergleich zu anderen Geschäftstypen einen sehr hohen Spezifikationsgrad. Eine beispielsweise speziell erstellte Anlage (Bauprojekt) findet in der Regel in identischer Weise keinen weiteren Abnehmer am Markt (vgl. Backhaus 2003, S 304).

Ein Verkauf von Dienstleistungen und dazugehörigen Materialien ist sehr typisch für das Projektgeschäft. Es ist gekennzeichnet durch eine komplexe Planung, beispielsweise die Terminplanung und die Durchführung der mehrfach zusammenhängenden und parallel abzuarbeitenden Aufgaben, um die klar definierten Ziele zu erreichen. Meistens werden hierbei Subunternehmen für die Abwicklung von speziellen Aufgaben hinzugezogen. Nach intensiven Vertragsverhandlungen mit den Kunden findet die Bauführung statt, welche eine mittel- bis langfristige Dauer beinhaltet. Des Weiteren sind vertragliche Variationen typisch für diesen Geschäftstyp und führen zu einer wiederholten Planung und Neuterminierung während der Ausführungsphase. Gewährleistungsperioden sind längerfristig angesiedelt und können auch Serviceleistungen beinhalten, welche in den ursprünglichen Vereinbarungen beschlossen wurden.

Innerhalb des Projektgeschäftes sind sämtliche Leistungsangebote individuell auf den Kunden zugeschnitten und der Vermarktungsprozess liegt vor dem Ausführungsprozess. Anlagen (Bauprojekte) können also nur über Leistungsversprechen gekauft bzw. verkauft werden. Somit regt der Kaufakt beim Projektgeschäft ein Projekt zur kundenindividuellen Leistungserstellung an (vgl. Halbleib 2000, S 28).

Laut Roland Berger & Partner ist jedes Projektgeschäft ein Unikat: „Der komplexe Mix der vertraglichen Bedingungen ist niemals identisch. Vertragspartner, local-content-Anforderungen, Rechtslage, lokale Bedingungen, Zeitrahmen, Leistungsgarantien, Projektmodule, Übergabemodalitäten, etc. variieren von Auftrag zu Auftrag.“ (Roland Berger 2002, S 12-18).

2.2 THEORETISCHE GRUNDLAGEN

Um überhaupt Nachforderungen erstellen zu können, ist es notwendig, zunächst Änderungsmanagement zu betreiben. Es ist dabei darauf hinzuweisen, dass das Erkennen und Dokumentieren von Änderungen die Grundlage für das „Claimen“ darstellt. Da Claim Management letztendlich eine Gefährdung des Projektergebnisses verhindern kann, wird in dieser Arbeit der Schwerpunkt auf Claim Management gelegt.

2.2.1 BEGRIFFSDEFINITION „ÄNDERUNGSMANAGEMENT“

Das Änderungsmanagement bezieht sich auf alle Plankosten– und Planerlösänderungen. Unter dem Begriff „Änderungsmanagement“ wird oft „Change Management“ verstanden. Da in dieser Arbeit das Änderungsmanagement im Bereich des Projektgeschäftes sich auf

die Änderungen im Projektablauf bezieht, muss dieses von dem geläufigen Begriff des „Change Managements" abgegrenzt werden.
Mit dem Begriff „Change Management", auch bekannt als Veränderungsmanagement, ist beispielsweise die Einführung eines neuen Geschäftsprozesses und dessen Auswirkung auf den einzelnen Arbeitsplatz gemeint. Hierbei muss die Veränderung des Arbeitsumfelds mit vordefinierten Methoden bewältigt werden, zum Beispiel durch Mitarbeiterschulung.
Das Änderungsmanagement ist vielmehr auf die täglichen Änderungen der Plankosten und –erlöse im Projektgeschäft zu beziehen. Durch die richtige Handhabung des Änderungsmanagements können frühzeitig Änderungen erkannt und dokumentiert werden.

2.2.1.1 BEGRIFFSERLÄUTERUNG „ÄNDERUNG"

Laut Projektmanagement Glossar wird der Begriff Änderung wie folgt definiert:

> „Als Änderung wird jede Modifikation, Um- und Neudefinition von im Rahmen eines Projektes bereits erarbeiteten Sachgegenständen, Informationen oder Taten verstanden." (Knöpfel 2000, S 4)

2.2.1.2 BEGRIFFSERLÄUTERUNG „ÄNDERUNGSMANAGEMENT"

Für den Begriff Änderungsmanagement gibt es keine eindeutige Begriffsdefinition.
Die ÖNORM 1801/1 stellt aus Projektmanagementsicht pragmatisch Konfigurationsmanagement und Änderungsmanagement auf eine Ebene und ordnet dem Änderungsmanagement die Prozesse und Regeln für die Änderung von Projektzielen und –prozessen zu. Im Umkehrschluss schränkt sie damit das Konfigurationsmanagement auf die Änderungen des Projektgegenstandes ein (Angermeier 2004).

Der Begriff Änderungsmanagement kann wie folgt definiert werden:

„Das Änderungsmanagement regelt den Umgang mit Änderungen bezüglich des Ablaufs, der Entscheidungen, der Durchführung dieser und der Archivierung. Es ist verantwortlich für die Steuerung der Änderungen." (vgl. Knöpfel 2000, S 5f)

Im Englischen finden sich folgende Begriffe:

Change Control, Change Request Management und Change Management.

2.2.2 ZWECK UND ZIEL DES ÄNDERUNGSMANAGEMENTS

Da alle möglichen Änderungen dokumentiert und bearbeitet werden müssen, soll das Änderungsmanagement einen derartigen Änderungsablauf standardisieren und organisieren. Somit ist es möglich, unterschiedliche Wissensstände zu vermeiden, was auch zu einer Fehlerreduktion führt (vgl. Patzak und Rattay 2004, S 169).

Änderungen im Projekt erzeugen Probleme, da sie zu einem Terminverzug und zu Kostensteigerungen führen können. Änderungen können sich dabei auch negativ auf die Qualität auswirken (vgl. Süß 2002, S 96).

Mittels des Änderungsmanagements können Projektänderungen kontrolliert werden.

Ziel und Zweck des Änderungsmanagements sind (vgl. Schimmel 2003, S 26):

- Änderungsanlässe registrieren
- Änderungen in ihrer Auswirkung minimieren
- Änderungswünsche, -gedanken und -vorschläge auf ihre Notwendigkeit hin prüfen
- Notwendige Änderungen systematisch erfassen, bewerten und verbalisieren

- Alle am Projekt Beteiligten über unvermeidbare Änderungen und deren Auswirkungen auf Termine, Technik und Kosten frühzeitig informieren
- Entsprechende Risiko minimierende Maßnahmen ergreifen
- Ergebnisauswirkungen in die Projektkalkulation aufnehmen
- Durchgeführte Änderungen dokumentieren
- Ergebnissichernde Maßnahmen vornehmen - Claim Management

Aufgrund der Komplexität und Laufzeit des Projektgeschäftes kann dies praktisch nie ohne Modifikationen abgewickelt werden. Kundenanforderungen, Leistungsspezifikationen und inhaltliche Projektziele sind zu erfüllen (vgl. Patzak und Rattay 2004, S 307).

2.2.3 ARTEN VON ÄNDERUNGEN

Kundenspezifische Lösungen sind durch ihre Komplexität und Einzigartigkeit sehr risikobehaftet und bringen auch ständig Änderungen im Projektablauf mit sich. Daher werden bei der Entwicklung und Erstellung von Anlagen (Bauprojekten) sachliche, zeitliche und finanzielle Dimensionen differenziert (vgl. Halbleib 2000, S 93). Sachliche Veränderungen betreffen im Kern die Spezifikationserfüllung und Änderung von Spezifikationen. Beispielsweise sind dies Kundenwünsche, die nach der Erweiterung des Leistungsspektrums eine sachliche Änderung herbeiführen.
Als Abweichung versteht man eher Mängel bei der erstellten Leistung oder fehlerhafte Materialien (vgl. Gutmannsthal-Krizanits 1994, S 186).

Da das Projektgeschäft eine Vielzahl von Arbeitsvorgängen bzw. Projektschritten erfordert, ist eine Terminplanung mit Hilfe von Netzplantechnik notwendig. Zeitliche Veränderungen können zunächst als Terminverzug auftreten. Einige Gründe dafür sind beispielsweise Streiks, verspätete Lieferung, unrealistische Terminplanung, schlechtes Wetter, mangelhafte Koordination oder Kapazitätsausfall. Diese Faktoren können die termingerechte Erfüllung eines einzelnen Projektschrittes, einen Meilenstein oder sogar im schlimmsten Fall den Gesamtprozess gefährden.

Es gibt kaum ein größeres Projekt, das von Veränderungen im finanziellen Bereich verschont bleibt. Dabei ist bei der Abwicklung großer Systeme, welche technisch gesehen oft sehr komplex sind, eine gravierende Kostenüberschreitung keine Seltenheit (vgl. Wildemann 1982, S 2f). Der Projekterfolg wird negativ beeinflusst. Beispielsweise kann der Grund für eine finanzielle Änderung der gestiegene Beschaffungspreis für Inputfaktoren (z.B. Baumaterial und Personal) sein.

2.2.4 BEGRIFFSDEFINITION „CLAIM MANAGEMENT"

Claim Management setzt sich aus den beiden Begriffen „Claim" und „Management" zusammen. Daher wird nun zuerst der Begriff Claim definiert, anschließend wird auf den zusammengesetzten Begriff „Claim Management" eingegangen.

2.2.4.1 BEGRIFFSERLÄUTERUNG „CLAIM"

Da es im deutschen Sprachgebrauch keine allgemein anerkannte Definition für den Begriff Claim Management gibt (vgl. Kühnel 1998, S 5) wird im Folgenden anhand einer Gegenüberstellung einiger vorhandener Begriffsauffassungen der Inhalt dieses Begriffs transparenter gemacht (vgl. Tabelle 1).

Quelle	Begriffsverständnis von Claims
Andreas/Rademacher/ Sauter 1992	„...Nachforderungen an den Kunden (sog. Claims)", S 93
Böker 1998	"...Forderungen aufgrund eines Vertrages, welche eine Vertragspartei an die andere stellen kann, - wenn die andere Vertragspartei ihre vertraglichen Verpflichtungen nicht oder nur mangelhaft erfüllt oder - wenn die andere Vertragspartei aufgrund vertraglicher Regelungen Änderungen des Vertrags fordert oder - wenn die Vertragsabwicklung durch Ursachen gestört wird, die keine der Vertragsparteien zu vertreten haben", S 5
Zwillich 1994	„...finanzielle, terminliche oder sachliche Forderungen eines Vertragspartners infolge von Handlungen, Unterlassungen, Abweichungen oder Erschwernissen im Zusammenhang mit der Vertragserfüllung", S 76

Tabelle 1: Begriffsverständnis von Claims (vgl. Halbleib 2000, S 109f)

Folgende zentrale Aussagen können zur Beschreibung von Claims getroffen werden (vgl. Halbleib 2000, S 111):

⇨ Claims haben einen Anspruchscharakter und stellen Forderungen dar

⇨ Claims setzen eine rechtliche Anspruchsbasis bzw. eine juristische Begründung voraus

⇨ Claims weisen einen Bezug zum Veränderungsgeschehen eines Projektes auf

⇨ Claims gehen von zuvor erlittenen Nachteilspositionen aus

⇨ Claims zielen auf eine Kompensation dieser Nachteilspositionen

⇨ Claims können sachliche, zeitliche oder monetäre Forderungen sein

⇨ Claims sind subjektiv geprägt

⇨ Claims kennzeichnen sich im Kern durch den Moment des Aus- und Verhandelns

Innerhalb des Unternehmens, bei welchem der Autor tätig ist, wird der Begriff Claim wie folgt definiert:

„Zusätzlicher Anspruch gegen einen Vertragspartner, vor allem gerichtet auf Mehrkosten und Terminverlängerung." (Schimmel 2003, Seite 9)

2.2.4.2 BEGRIFFSDEFINITION „CLAIM MANAGEMENT"

Claim Management umfasst all jene Maßnahmen, die auf eine aktive und frühzeitige Erkennung von Claimsituationen gerichtet sind. Dabei soll eine optimale Durchsetzung von Claims, aber auch die Abwehr und Verhütung ermöglicht werden (vgl. Patzak und Rattay 2004. S 78). Bislang gibt es jedoch hier kein einheitliches Begriffsverständnis, daher soll die folgende Gegenüberstellung zweier Begriffsauffassungen mehr Klarheit schaffen (vgl. Tabelle 2).

Quelle	Begriffsverständnis von Claim Management
Franke/Keese/Rohrmann 1994	„Das Claim Management ... ist ein Management Instrumentarium zur Durchsetzung bzw. Abwehr von Nachforderungen ...", S 19
Schulte/Stumme 1998	"...Das Claim Management verfolgt die termin- und verhandlungsgerechte Aufbereitung und Dokumentation der gegenseitigen Ansprüche und Forderungen, welche aus Leistungsstörungen aus unzulänglichen vertraglichen Regelungen während der Vertragsabwicklung resultieren", S 258

Tabelle 2: Begriffsverständnis von Claim Management (vgl. Halbleib 2000, S 136f)

Claim Management sollte als Bestandteil eines integrierten Projektmanagementsystems verstanden werden. So wird beispielsweise das Claim Management in die Projektorganisation eingebunden (vgl. Kapitel 4.2.1.1.) und wird bei dem Unternehmen, bei welchem der Autor tätig ist, als Teil des Vertragsmanagements gesehen (vgl. Kapitel 2.1.).

Die Definition gemäß diesem Unternehmen lautet wie folgt:

„Claim Management ist die Summe aller Maßnahmen, um systematisch berechtigte Forderungen durchzusetzen bzw. unberechtigte Forderungen abzuwehren!"

In der Literatur finden sich abweichend auch Begriffe wie Konfigurationsmanagement oder Umfeldmanagement (vgl. Tiemeyer 2004, S 205).

2.2.5 ZWECK UND ZIEL DES „CLAIM MANAGEMENTS“

Im Rahmen des Claim Managements sollen zusätzliche Ansprüche gegenüber vertraglichen Regelungen dokumentiert werden. Auf diese Dokumentation soll die Durchsetzung bzw. die Abwehr von Mehrforderungen auf Basis der Anspruchsgrundlage aufbauen.

Somit sind die Hauptziele des Claim Managements:

- Einfordern von zusätzlichem und nicht kalkulierten eigenen Aufwand möglichst vollständig beim Vertragspartner
- Abwehr unberechtigter Ansprüche und
- Vermeidung einer Minderung des kalkulierten Projektergebnisses

Mittels des Claim Managements wird ein klares Verfahren vereinbart, wie mit Änderungswünschen umzugehen ist. Eigen- und Fremdclaims werden rasch erfasst und berücksichtigt und ein aktives Gestalten der Umfeldbeziehung wird möglich (vgl. Tiemeyer 2004, S 2006).

2.2.6 GRUNDLAGEN DES „CLAIM MANAGEMENTS“

Im folgenden Abschnitt werden die theoretischen Grundlagen des Claim Managements beschrieben. Dabei werden die einzelnen Claimarten dargestellt, die notwendigen Beziehungen bei der Claimdurchsetzung aufgezeigt und Claim Management unter Berücksichtigung des magischen Dreiecks aus dem Projektmanagement erläutert.

2.2.6.1 ARTEN DER CLAIMS

Oftmals werden Claims über Ursachenbezüge definiert, jedoch wird auch nach der Art möglicher Kompensationsforderungen differenziert (Wirkungsbezug) und daher häufig von drei Arten von Claims gesprochen: terminliche, finanzielle und sachliche Claims. Diese Dreiteilung von Claims erlaubt eine Reduktion der Komplexität auf wesentliche Grundstrukturen und gewährleistet zugleich den Ursachenbezug (vgl. Halbleib 2000, S 23).

In der folgenden Tabelle werden die einzelnen Claimarten einander gegenübergestellt (vgl. Tabelle 3):

Sachliche Claims	Terminliche Claims	Finanzielle Claims
Eine der Vertragsparteien bringt eine abweichende oder nur einen Teil der vom Vertrag festgelegten Spezifikation	Eine der Vertragsparteien erfüllt ihre Verpflichtungen aus dem Vertrag nicht zum vereinbarten Zeitpunkt	Eine der Vertragsparteien nimmt ungerechtfertigte Abzüge von Zahlungen vor oder bezieht Bankgarantien ohne sachlichen Grund

Tabelle 3: Claimarten (vgl. Böker 1998, S 6)

Es ist darauf hinzuweisen, dass sachliche Claims auch terminliche und finanzielle Claims nach sich ziehen können. Wiederum können terminliche Claims auch finanzielle Claims nach sich ziehen.

Eine andere Differenzierung bezieht sich mehr auf den inhaltlichen Aspekt:

Danach ist zwischen Eigen- und Fremdclaims zu unterscheiden. Bei der Durchsetzung eigener Ansprüche wird von Eigenclaims gesprochen, bei der Abwehr von Ansprüchen eines Vertragspartners ist die Rede von Fremdclaims (vgl. Patzak und Rattay 2004, S 79).

2.2.6.2 DAS MAGISCHE DREIECK IM CLAIMMANAGMENT

Die Erkenntnisse aus dem magischen Dreieck im Projektmanagement sollten im Arbeitsablauf in Bezug auf das Claim Management Berücksichtigung finden. Das ökonomische Prinzip hat zum Ziel, mit einem möglichst geringen Aufwand von Kosten und Zeit ein maximales Ergebnis zu generieren (vgl. Möller, Dörrenberg 2003, S 23). Des Weiteren sind unter Betrachtung der ökonomischen Gegebenheiten und der Marktsituation der Termin und Kostenrahmen abzustecken (DeMarco 2005, Szene 8).

Das magische Dreieck stellt die wichtigsten Projektparameter in ihrer Relation dar (vgl. Abb. 3):

- Leistung (Anforderungen),
- Termine und
- Kosten (Budget).

Es wird daher als „magisch" bezeichnet, da die drei dargestellten Parameter im gesamten Projektverlauf wechselseitige, konkurrierende Beziehungen bilden. Das heißt die Änderung eines Parameters hat immer auch die Änderung von mindestens einem anderen Parameter zur Folge.

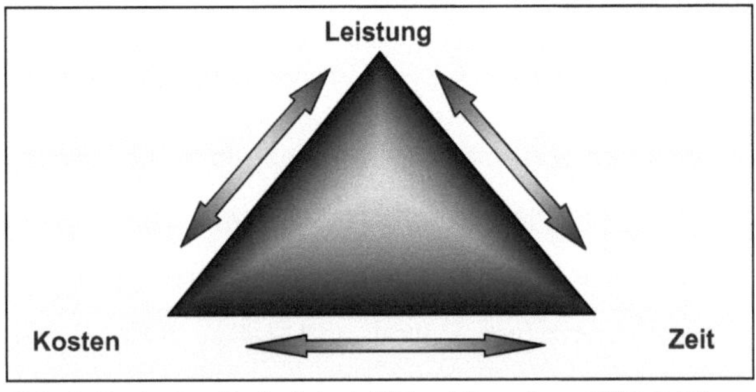

Abb. 3: Magisches Dreieck (vgl. Möller, Dörrenberg 2003, S 22)

Gerade in der Planungsphase des Projektgeschäftes ist es aufgrund der Komplexität unmöglich, alle Parameter exakt zu bestimmen, sie können lediglich grob bestimmt werden. Aufgrund der Marksituation, der Erste am Markt zu sein, bekommt der rechtzeitige Abschluss eines Projektes oftmals die höchste Priorität.

Eines der schon zuvor genannten Ziele des Claim Managements ist die Vermeidung einer Minderung des kalkulierten Projektergebnisses. Dies kann hier auf die einzelnen Parameter bezogen werden. Somit können während der Projektabwicklung die Parameter zur Projektsteuerung herangezogen werden. Ist das Projekt in Verzug, können als Reaktion die Kapazitäten erhöht werden, dies bedeutet aber ebenfalls eine Kostenerhöhung.
Ziel soll sein, die einzelnen Parameter im Gleichgewicht zu halten, um das kalkulierte Projektergebnis nicht zu gefährden.

2.2.6.3 DIE DREI KERNELEMENTE DES CLAIM MANAGEMENTS

Um Claims geltend machen zu können, ist eine Ausgewogenheit der drei Standbeine (Sachverhalt, Anspruchsgrundlage und Durchsetzung) sehr wichtig (vgl. Abb. 4).

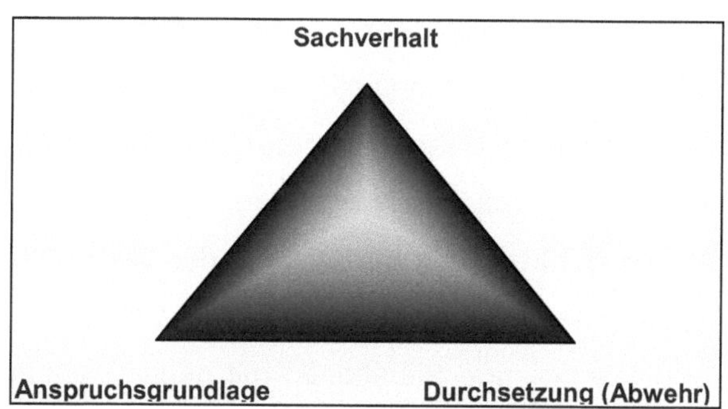

Abb. 4: Die drei Kernelemente des Claim Managements (vgl. Schimmel 203, S 11)

Die drei Kernelemente des Claim Managements beeinflussen sich gegenseitig. Ohne ausreichende Klärung und Dokumentation des Sachverhaltes wäre beispielsweise eine Durchsetzung von Claims – auch wenn diese berechtigt wären – kaum möglich. Fehlt die Anspruchsgrundlage des Claims dann sind eine weitere noch so exzellente Aufbereitung des Sachverhaltes und ein kompetentes Bemühen der Durchsetzung sinnlos. Oftmals hat jedoch – obwohl die anderen beiden Bedingungen erfüllt sind – ein nicht frühzeitiges und nachhaltiges Durchsetzen (Abwehr) eines Claims die Folge, dass sich dieser nicht durchsetzen lässt und sich somit das Projektergebnis dadurch verschlechtert (vgl. Oberndorfer 2003, S 45).

3 VERHANDLUNGSTECHNIK

In diesem Kapitel wird eine Methode des sachgerechten und interessengeleitetem Verhandelns erklärt. Diese Methode soll dazu beitragen, eine „Win-Win"- Situation zu schaffen, sodass das Verhandlungsklima und das Verhandlungsergebnis für alle Beteiligten angenehm und annehmbar erscheint.

3.1 ABGRENZUNG DER THEMATIK

Da eine vollständige Behandlung aller verschiedenen Verhandlungstechniken den Rahmen dieses Buches sprengen würde, wird hier nur auf das Harvard Konzept eingegangen.

Es gibt nämlich nicht nur den harten Weg der Verhandlungen oder das verbreitete Prinzip der Kompromisse. Hilfreich ist vor allem der dritte Weg, der schwierige Situationen mit neuen Kommunikationsmustern balanciert.

Hart in der Sache – sanft im Umgang

3.2 DAS HARVARD KONZEPT

Die schwierige Kunst auch aus verfahrenen Situationen noch ein erfolgreiches Verhandlungsergebnis hervorzubringen, zählt zu den wichtigsten Tugenden des Geschäftslebens und zu den absolut erfolgsentscheidenden Arbeitsmethoden. Verhandlungstechnik ist mehr als nur Rhetorik, Körpersprache und Dialektik und sie bedarf intensiver Bewusstseinsbildung und Trainings.
Dies ist eine Methode, um Verhandlungen sachbezogen zu führen. Es beruht auf dem „Harvard Negotiation Project" der Harvard Universität. Es ist ein Teil des „Programm of Negotiation" der Harvard Law School.
Das Harvard Konzept möchte bei Verhandlungen erreichen, dass drei Prinzipien beachtet werden: Verhandlungen sollen erstens eine vernünftige Übereinkunft zustande bringen, zweitens effizient sein und drittens das Verhältnis zwischen den Parteien verbessern.

Dafür ist es notwendig, dass die Verhandelnden vier Aspekte beachten:
Sie müssen

1. die beteiligten Menschen und die Probleme getrennt voneinander behandeln
2. die Interessen der Beteiligten und nicht die Positionen in den Mittelpunkt stellen
3. vor der entscheidenden Sitzung oder Konferenz mehrere eigene Wahlmöglichkeiten entwickeln und
4. das Ergebnis auf möglichst objektiven Entscheidungsprinzipien aufbauen.

(vgl. Fisher & Ury & Patton 2003, CD1, Track 4)

3.2.1 ERSTER ASPEKT: MENSCHEN UND PROBLEME GETRENNT BEHANDELN

Verhandlungen werden von Menschen geführt, welche von Gefühlen geleitet werden, unterschiedliche Wertvorstellungen haben und auch unvorhersehbare und unterschiedliche Standpunkte vertreten können.

Diese vielfältigen Aspekte des menschlichen Verhaltens fließen natürlich auch in die Verhandlungen ein und können diese sowohl positiv als auch negativ beeinflussen. Für Verhandlungen ist entscheidend, dass man neben der Sachfrage auch die menschliche Seite entsprechend berücksichtigt.

Um sich des „Problems Mensch“ bewusst zu werden, ist es sinnvoll, drei Grundbegriffe näher zu betrachten:

1 Die Vorstellung, welche uns das Denken der Verhandlungspartner verständlich machen soll. Es geht nicht um objektive Wirklichkeit, sondern um die subjektive Wirklichkeit in den Köpfen der Menschen.

2 Die Emotion, also der Gemütszustand unserer Verhandlungspartner, welcher bei Verhandlungen einen entscheidenden Einfluss auf Erfolg oder Misserfolg hat.

3 Die Kommunikation, also der Informationsaustausch mit dem Verhandlungspartner. Hier ist es wichtig, Unklarheiten auszuräumen und Inhalte gezielt zu vermitteln.

Während die objektive Wirklichkeit für beide Verhandlungspartner durchaus gleich ist, können die Vorstellungen beider Seiten stark voneinander abweichen z.B. Glas halbvoll oder halbleer (vgl. Watzlawick 2005, S 17).

Um mit unterschiedlichen Vorstellungen umgehen zu können, müssen diese Vorstellungen ausgesprochen und damit zu Bewusstsein gebracht werden. Damit wird es möglich, über diese Vorstellungen zu diskutieren und eine gemeinsame Lösung zu finden.

3.2.1.1 DIE VORSTELLUNG

Eine Möglichkeit, um die Vorstellungen der Verhandlungspartner zu ändern, ist unerwartetes Verhalten. Dadurch werden die Verhandlungspartner angehalten, ihre Vorstellungen, welche scheinbar in diesem Fall nicht zugetroffen haben, nochmals bewusst zu überdenken und eventuell auch zu revidieren.
Eine weitere Möglichkeit ist die Beteiligung der Verhandlungspartner am Entscheidungsprozess. Durch diese Anteilnahme am Prozess der Entscheidungsfindung ergibt sich für die Verhandlungspartner eine Bindung zu dieser Entscheidung. Durch eigenes Mitarbeiten an der Lösungsfindung folgt konsequenterweise auch eine Zustimmung zum Ergebnis.

3.2.1.2 DIE EMOTION

Je schwieriger und härter Auseinandersetzungen werden, desto wichtiger ist der Einfluss von Emotionen. Da diese Reaktionen größtenteils unbewusst ablaufen, ist das Erkennen eines der wichtigsten Schritte. Sind die beteiligten Emotionen erkannt und wird darüber gesprochen, ist es einfacher, sich dem Problem selbst zu stellen. Eine der einfachsten aber auch wirkungsvollsten Möglichkeiten auf die Verhandlungspartner einzuwirken, sind symbolische Gesten der Sympathie. Eine solche Geste kann ein gespanntes emotionales Verhältnis stark verbessern und damit die Verhandlungen wieder konstruktiv gestalten.

3.2.1.3 DIE KOMMUNIKATION

Welche Aussage auch getroffen wird, es kann auf der anderen Seite immer anders verstanden werden.

Eine Schwierigkeit kann sich ergeben, wenn ein Verhandlungspartner keine Anstalten macht, die andere Seite verstehen zu wollen. Oder es werden bereits Antworten überlegt und gedanklich Entgegnungen ausgearbeitet, während die Gegenseite noch spricht. Dann mangelt es an der Fähigkeit oder der Bereitschaft, der Gegenseite zuzuhören.

Aufmerksames Zuhören und gelegentliches Nachfragen („Wenn ich Sie richtig verstehe, ...“) ist das einfachste Zugeständnis gegenüber dem Verhandlungspartner und lässt ihn wissen, dass man ihm aufmerksam zuhört. Wiederholt man die Aussage der Gegenseite, so sollte dies in positiver Weise vom Standpunkt der Gegenseite geschehen. Damit reduzieren sich Missverständnisse ganz von selbst.

Eine weitere Verbesserung der Kommunikation ergibt sich durch die Wahl eines ungestörten Gesprächsumfeldes und einer Reduktion der beteiligten Gesprächspartner (ohne jedoch wichtige Gesprächspartner zu übergehen).

Viele der aufgeführten Probleme im Umgang mit Menschen lassen sich verhindern, wenn man bereits im Vorfeld von Verhandlungen persönliche Beziehungen zu den Verhandlungspartnern aufbaut. Besonders bei schwierigen Verhandlungen kann es hilfreich sein, wenn ein gewisser Grundstock an Vertrauen vorhanden ist.

3.2.2 ZWEITER ASPEKT: DIE INTERESSEN DER BETEILIGTEN UND NICHT DIE POSITIONEN IN DEN MITTELPUNKT STELLEN

Der Hauptgrund warum verhandelt wird, ist die Befriedigung eines

sachlichen Interesses, des Verhandlungsgegenstandes. Nimmt man als Beispiel die Verhandlungen über einen Mietvertrag, so hat der Vermieter das Interesse jemanden zu finden, welcher pünktlich seine Miete zahlt und die Wohnung sauber hält. Der Mieter erwartet eine akzeptable Miete sowie eine ordentliche Wohnung.
Neben diesen sachlichen Interessen spielen sich Verhandlungen jedoch zwischen Partnern ab, die auch zukünftig eine angenehme persönliche Beziehung haben wollen. Einerseits, um auch zukünftige Verhandlungen zufrieden stellend lösen zu können, aber auch um einen Verhandlungspartner als Stammkunden zu gewinnen oder seine eigene Reputation zu verbessern.
Um Sachprobleme zu lösen und gleichzeitig eine gute Beziehung zu erhalten, müssen die sachlichen Probleme von den persönlichen Problemen getrennt werden.
Bei Verhandlungen konzentrieren sich die Verhandlungspartner oft auf die eigenen Positionen und nicht auf die dahinter liegenden Interessen. Versucht man jedoch die Interessen in Einklang zu bringen, so ergeben sich daraus einige Vorteile. Einerseits lässt sich jedes Interesse durch mehrere Positionen befriedigen, womit eine Lösung oftmals einfacher gefunden werden kann. Weiters wird durch die Befriedigung der Interessen – und nicht der ursprünglichen Positionen – ein für beide Teile zufrieden stellendes Ergebnis erreicht. Außerdem gibt es meistens mehr übereinstimmende Interessen als entgegengesetzte, womit das Verhandlungsergebnis effektiver für beide Seiten gestaltet werden kann.
Obwohl nun klar ist, dass Interessen eine wichtige Rolle bei Verhandlungen spielen, stellt sich die Frage, wie man die zugrunde liegenden Interessen erkennen kann. Eine wichtige Methode ist das Hinterfragen der Gründe für bestimmte Positionen. Dies ist beson-

ders ergiebig, wenn man sich dazu in die Position der Gegenseite versetzt. Es ist auch möglich, seinen Verhandlungspartner direkt zu fragen, aus welchen Gründen eine bestimmte Position eingenommen wird. Neben dem Hinterfragen der Gründe für bestimmte Positionen, kann man auch hinterfragen, warum bestimmte Verhandlungspunkte als nicht akzeptabel erscheinen. Bei den meisten Verhandlungen gibt es nicht nur ein Interesse, sondern unterschiedlichste Interessen, welche sich auch widersprechen können. Weiters sollte man nicht davon ausgehen, dass alle Personen der Gegenseite die gleichen Interessen verfolgen, da alle Beteiligten auch unterschiedliche persönliche Interessen verfolgen. Es empfiehlt sich, alle Interessen der Verhandlungsparteien aufzulisten und sie nach deren Bedeutung zu ordnen. Das beugt nicht nur dem Vergessen vor, sondern hilft auch auf die entsprechenden Interessen einzugehen. Um die Interessen beider Seiten zu berücksichtigen, ist es unerlässlich, dass die Interessen auch klar sind. Will man seine Interessen berücksichtigt wissen, so muss deutlich gemacht werden, worin diese Interessen bestehen.

Will man seine Interessen deutlich machen und sie von der Gegenseite auch entsprechend anerkannt wissen, sollte zuerst das Problem dargestellt werden und erst danach das berechtigte Interesse ausgesprochen werden. Damit wird verhindert, dass die Gegenseite bereits beginnt, Entgegnungen auszuarbeiten bevor das „Warum" klar ist.

Dabei ist unbedingt darauf zu achten, auch die Interessen der Gegenseite anzuerkennen (vgl. Fisher & Ury & Patton 2003, CD1, Track 5).

Weiters sollten sich die Verhandlungen nicht auf Vergangenes beziehen, sondern die zu setzenden Aktionen in der Zukunft hervorheben.

Die „Theorie der kognitiven Dissonanz“ geht davon aus, dass Menschen keine Widersprüche aushalten (vgl. Wiswede 2000, Seite 47). Wann immer Widersprüche auftreten, versucht der Mensch, diese auszugleichen. Daher sollte man mit derselben Stärke, mit dem man das Problem attackiert, auch persönliche Hilfe geben. Dies erhöht die Wahrscheinlichkeit, dass die Gegenseite den Widerspruch zwischen persönlicher Hilfe und Angriff des Problems damit löst, dass Sie ebenfalls versucht, das Problem aus der Welt zu schaffen.

3.2.3 DRITTER ASPEKT: VOR DER ENTSCHEIDENDEN SITZUNG ODER KONFERENZ MEHRERE, EIGENE WAHLMÖGLICHKEITEN ENTWICKELN

Es geht darum, Entscheidungsmöglichkeiten zu finden, welche beiden Seiten Vorteile bringen. Damit ist nicht nur sicher gestellt, dass beide Seiten mit dem Verhandlungsergebnis zufrieden sind, sondern es ist auch eine günstige Ausgangsbasis für zukünftige Verhandlungen geschaffen.

Wenn man mit der Befürchtung, dass man nicht zu einer Übereinkunft gelangt in eine Verhandlung geht, beugt man sich schneller dem Standpunkt der Gegenseite, nur um doch noch eine Übereinkunft zu erzielen.

Wie kann man sich davor schützen?

⇨ mit einem zuvor festgesetzten Limit, einem Mindestergebnis, kann man dem Druck leichter widerstehen. Ein Limit erweist sich meistens aber auch als sehr unbeweglich. Es bewahrt vor einem schlechten Ergebnis, aber es kann auch von einer besseren Entwicklung und Annahme eines akzeptablen Abkommens abhalten. Eine willkürlich festgelegte Grenzlinie ist kein Maßstab für das, was man akzeptieren kann oder nicht.

⇨ ein wirkungsvoller Gradmesser ist daher die so genannte „Beste Alternative“. Eine „Beste Alternative“ zu haben, bewahrt vor der Annahme ungünstiger Bedingungen und vor einer übereilten Ablehnung. Sie ist auch flexibel für andere Lösungen, weil man alles mit der „Besten Alternative“ vergleichen kann (vgl. Fisher & Ury & Patton 2003, CD2, Track 3).

3.2.3.1 HINDERNISSE

Bei der Entwicklung von mehreren Entscheidungsmöglichkeiten stehen oft Hindernisse entgegen, welche viel versprechende Optionen bereits im Vorhinein ausschließen.

Ist das Urteil über bestimmte Möglichkeiten bereits gefällt, so sind neue Strategien bereits ausgeschlossen, noch bevor genauer darüber nachgedacht wird. Besonders unter dem Druck einer Verhandlung wird der Einfallsreichtum durch kritischen Sinn oft ausgeschaltet.

Durch die Konzentration auf die „beste“, die „einzige“ Lösung werden alle anderen Lösungsmöglichkeiten bereits ausgeschlossen. Lösungen werden als Entweder/Oder-Entscheidungen aufgefasst. Entweder bekomme ich das Gewünschte oder der andere bekommt es. Aus dieser Sichtweise macht es natürlich keinen Sinn, andere Lösungsmöglichkeiten zu entwickeln. Die Beschäftigung mit den eigenen Interessen verändert die Einbeziehung der Interessen der anderen Seite.

3.2.4 VIERTER ASPEKT: DAS ERGEBNIS AUF MÖGLICHST OBJEKTIVEN ENTSCHEIDUNGSPRINZIPIEN AUFBAUEN

Um für beide Vertragspartner zufrieden stellende Lösungsmöglichkeiten zu finden, ist es sinnvoll, das Finden der Optionen und das Beurteilen der Optionen zu trennen und z.B. mit Brainstorming zu arbeiten.

Die Idee des Brainstormings liegt darin, die Entwicklung der Ideen vom Entscheidungsprozess abzukoppeln. Es geht ausschließlich um die Findung von Ideen und nicht um die Beurteilung deren Nützlichkeit oder die praktische Umsetzbarkeit. Zuerst wird festgelegt, was mit dem Brainstorming erreicht werden soll. Danach werden die Teilnehmer ausgewählt, wobei die Gruppe groß genug sein sollte, um genügend neue Ideen zu erhalten; dennoch wird eine persönliche Mitsprache ermöglicht. Weiters sollte das Brainstorming in einer möglichst informellen Umgebung stattfinden, um die Hemmschwelle der Teilnehmer zu reduzieren. Danach sollte einer der Gruppe als Moderator bestimmt werden und anschließend wird das Problem kurz skizziert. Während des Brainstormings ist jede Kritik an neuen Ideen verboten. Nach dem Brainstorming werden die aussichtsreichsten Ideen markiert und es wird versucht, diese weiter zu verbessern. Um ausreichenden Raum zu haben, in welchem die Verhandlungen stattfinden, ist es notwendig, genug unterschiedliche Vorschläge zu haben. Auf diesen können Verhandlungen aufgebaut werden und es kann gemeinsam aus den verschiedenen Lösungsmöglichkeiten ausgewählt werden.

Zur Vervielfältigung der Optionen können unterschiedliche Methoden angewandt werden, z.B.: das Kreisdiagramm. Eine weitere Möglichkeit besteht darin, das Problem vom Standpunkt unterschiedlicher Experten aus, zu betrachten. Wie würde das Problem ein Arzt, ein Politiker, ein Beamter usw. sehen? Weiters besteht die Möglichkeit, verschiedene Lösungsansätze mit unterschiedlichen

Wirkungsgraden, eventuell etwas „weicher“ zu betrachten, falls das gewünschte Ergebnis nicht erreicht werden kann. Auch die Reichweite eines Lösungsvorschlages kann verändert werden. Damit ergibt sich eine Aufspaltung in kleinere Teillösungen, welche einfacher ausgehandelt werden können. Aber auch das Gegenteil, also die Vergrößerung der Reichweite, kann durchaus Vorteile bringen, da mit dieser Sichtweise neue Optionen eingebracht werden können und „(...) Denken von hinten ist erlaubt“ (vgl. Fisher & Ury & Patton 2003, CD2, Track 1).
Das Kreisdiagramm zeigt vier verschiedene Denkweisen zur Entwicklung von Optionen auf (vgl. Abb. 5).

Ausgegangen wird von einem speziellen Problem, welches dann mit allgemeinen Begriffen analysiert wird. Danach wird allgemein versucht, ein Vorgehen zur Lösung dieses Problems zu entwickeln. Wenn dieses allgemeine Vorgehen festgelegt ist, wird daraus eine spezielle Möglichkeit zur Durchführung gesucht.
Mit Hilfe des Kreisdiagramms kann das zugrunde liegende Konzept auch von einer konkreten Anwendung abgeleitet werden.

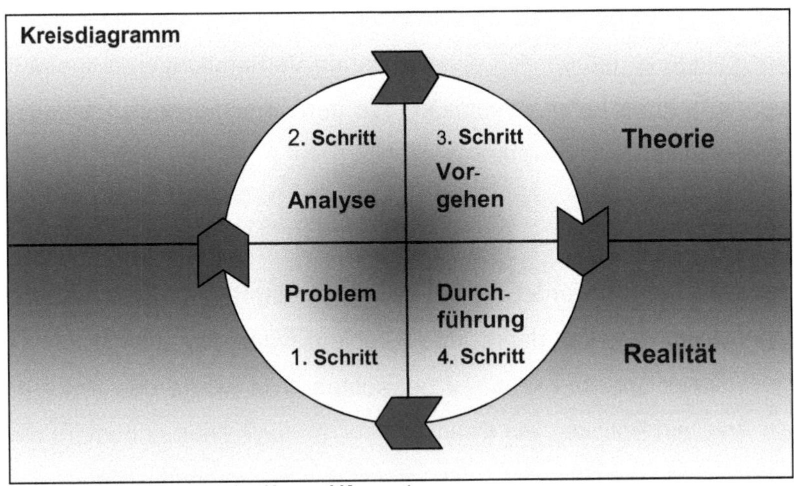

Abb. 05: Kreisdiagramm des Harvard Konzepts

Gemeinsame Interessen sind Möglichkeiten, aus denen man etwas machen muss. Daher ist es sinnvoll, sie zu benennen und als Ziele für beide Seiten darzustellen. Ziel des sachbezogenen Verhandelns ist so weit wie möglich auf gegenseitigen Nutzen hin zu arbeiten. Durch das Hervorheben von gemeinsamen Zielen werden die Verhandlungen außerdem flüssiger und freundlicher.

Unterschiedliche Interessen lassen sich am besten nutzen, wenn der Unterschied in zeitlichen Abläufen, Prognosen oder der Risikobereitschaft liegen. Durch diese unterschiedlichen Interessen kann für beide Seiten das jeweilige Interesse befriedigt werden, aber eben zu unterschiedlichen Zeiten oder mit unterschiedlichem Risiko. Am besten geht man so vor, dass die Hauptanliegen der Gegenseite gesucht werden, die einen selbst wenig kosten, der Gegenseite jedoch viel bringen und umgekehrt. Möchte man eine Übereinkunft erreichen, wird dies nur dann möglich sein, wenn es günstige Möglichkeiten für die Gegenseite gibt. Bei der Auswahl des Verhandlungspartners sollte man sich auch bei komplexen Verhandlungen auf reale Personen beziehen, um einen besseren Einblick in das Problem zu erhalten. Bevor Lösungen für ein Problem gesucht werden, sollte klar definiert werden, was als wünschenswerte Lösung gilt. Besonders die Vorstellung von Rechtmäßigkeit beeinflusst viele Menschen. Daher ist es günstig, wenn die Lösung als rechtmäßig erscheint (fair, legal, ehrenhaft usw. ...). Eine große Hilfe dabei sind Präzedenzfälle, welche eine objektive Basis für eine Übereinkunft bilden können.

3.3 „LESSONS LEARNED" BEZOGEN AUF DAS HARVARD KONZEPT

Drohungen zur Erzielung einer Übereinkunft sind ineffektiv, da sie die Suche nach einer Lösung behindern. Weit besser sind positive

Angebote und Anreize. Eine gute Hilfe dabei ist, zu überlegen, wie die Gegenseite wohl kritisiert würde, wenn sie das Angebot annimmt. Ein guter Test für die Wirksamkeit eines Angebotes besteht darin, zu fragen, ob die Gegenseite realistischerweise mit einem einfachen „Ja“ antworten könnte. Trotz der Konzentration auf die Interessen beider Seiten und dem Versuch, diese Interessen in Einklang zu bringen, bleiben in der Realität sich widerstrebende Interessen bestehen. Um solche Situationen für beide Seiten zufrieden stellend zu lösen, ist die Verwendung neutraler Beurteilungskriterien unerlässlich. Nur damit ist eine unabhängige Basis für die Verhandlungen geschaffen.

Die Lösung soll also nicht durch Druck eines Verhandlungspartners zustande kommen, sondern aufgrund vernünftiger Prinzipien. Hier tritt also sachbezogenes Verhandeln sehr stark in den Vordergrund. Besonders wenn bei den Verhandlungen mehr als zwei Parteien teilnehmen, wirkt sich der Bezug auf objektive Kriterien positiv aus, da eine Übervorteilung einer Partei dabei reduziert wird und die Bildung von Koalitionen im Voraus unterbunden wird.

4 GESTALTUNGSEMPFEHLUNG ZUR CLAIM MANAGEMENT - VORGEHENSWEISE

In diesem Kapitel wird eine Gestaltungsempfehlung zur Vorgehensweise mit dem Claim Management vorgestellt. Diese Empfehlung soll dazu beitragen, dass der dauerhafte Erfolg im Projektgeschäft gesichert und der Projektprofit gesteigert wird.

Um möglichst alle Potentiale mit einzubeziehen, setzt dieses Konzept schon an der Angebots- und Vertragsgestaltungsphase an und endet mit der Nachbereitungsphase eines Projektes.

4.1 AUSGANGSLAGE UND NOTWENDIGKEIT FÜR DIE GESTALTUNGSEMPFEHLUNG

Die erfolgreiche Abwicklung von Projekten beeinflusst den wirtschaftlichen Erfolg eines Unternehmens. Bei der Auftragsabwicklung müssen folgende Ziele verfolgt werden (vgl. Böker 1998, S 1):

1. Erfüllung der Anforderungen des Auftraggebers (sachliches Ziel)
2. Einhaltung der vereinbarten Termine (zeitliches Ziel)
3. Erzielung des bestmöglichen wirtschaftlichen Ergebnisses (Ertragsziel)
4. Beachtung gesetzlicher Vorschriften und individuell getroffener vertraglicher Vereinbarungen (Vertragserfüllung)

Die hohen Kundenanforderungen, die geringen Margen und das komplexe Umfeld der Auftragsabwicklung haben zur Folge, dass unter Umständen schon geringe Abweichungen in der Auftragsabwicklung die Projektziele erheblich gefährden können (vgl. Abb. 6).

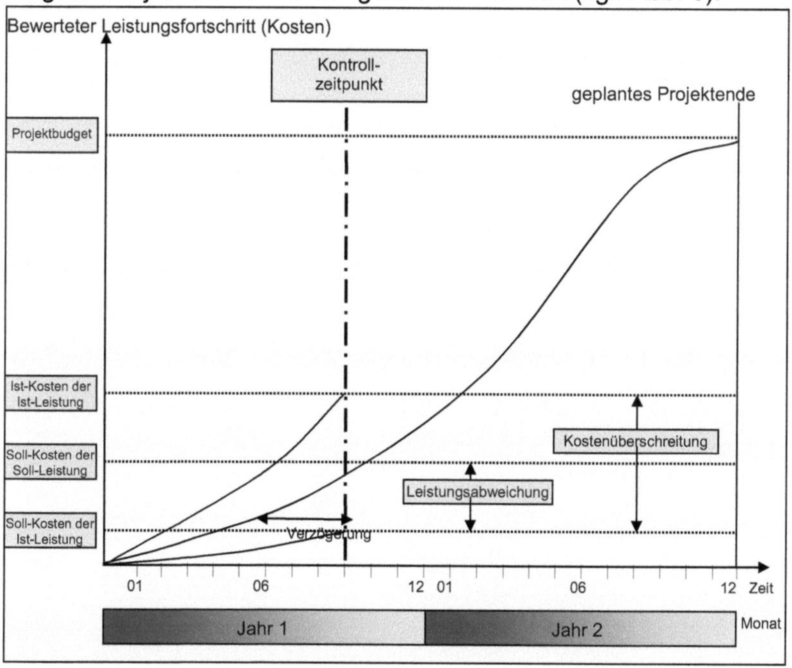

Abb. 6: Kosten und Leistungsabweichung im Projektgeschäft (vgl. Halbleib 2000, S.394)

Die Abbildung 6 zeigt eine Kosten- und Leistungsabweichung während eines Kontrollpunktes der Planfortschrittskontrolle. Voraussetzung für die Analyse ist die lückenlose Kosten-, Termin- und Leistungserfassung des Projektes. Aus der Abbildung 6 wird deutlich, dass durch gewisse Projekteinflüsse das Projektbudget und das geplante Projektende nicht erreicht werden. Claim Management kann dieser Entwicklung entgegenwirken, dabei sollten die Erkenntnisse des magischen Dreiecks berücksichtigt werden (vgl. Kapitel 2.2.6.2). Folgende Einflussgrößen beeinflussen die Projektziele (vgl. Böker 1998, S 2):

- engere Termine,
- höhere Anforderungen an die Projektqualität,
- höhere Anzahl beteiligter Stellen (intern, extern),
- steigende technische Komplexität,
- steigende Komplexität des Umfeldes,
- härtere Vertragsbedingungen und gesetzliche Auflagen,
- niedrigere Preise,
- steigende Kosten und
- höhere Anforderungen an die Abwicklungsqualität.

Es ist anzumerken, dass Claim Management ein hohes Maß an Erfahrungswert erfordert und durch das folgende Kapitel lediglich die grundlegenden Vorgehensweisen erläutert werden können. Wie wichtig das Claim Management innerhalb des Verlaufs eines Projektgeschäftes ist, wird in der folgenden Abbildung aufgezeigt (vgl. Abb. 7).

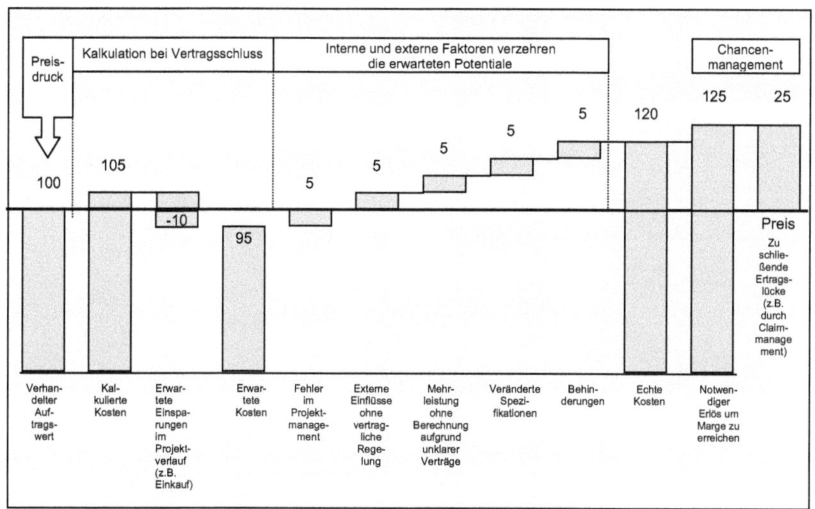

Abb. 7: Potentieller Verlauf eines Anlagenprojektes (vgl. Roland Berger 2002, S. 13)

In dieser Abbildung von Roland Berger & Partner wird der Verlauf eines Projektes dargestellt. Deutlich sichtbar ist, wie sich die Kalkulation bei Vertragsabschluss durch interne und externe Faktoren verschlechtert und somit am Abschluss des Projektes die echten Kosten wesentlich höher liegen, als die zum Zeitpunkt der Kalkulation berechneten.

Mit Chancen Management ist hier das Claim Management gemeint. Die erwarteten Potentiale werden durch interne und externe Faktoren aufgebraucht. Aufgabe des Claim Managements ist es, hier die Vertragslücke zu schließen, um die Marge zu erreichen.

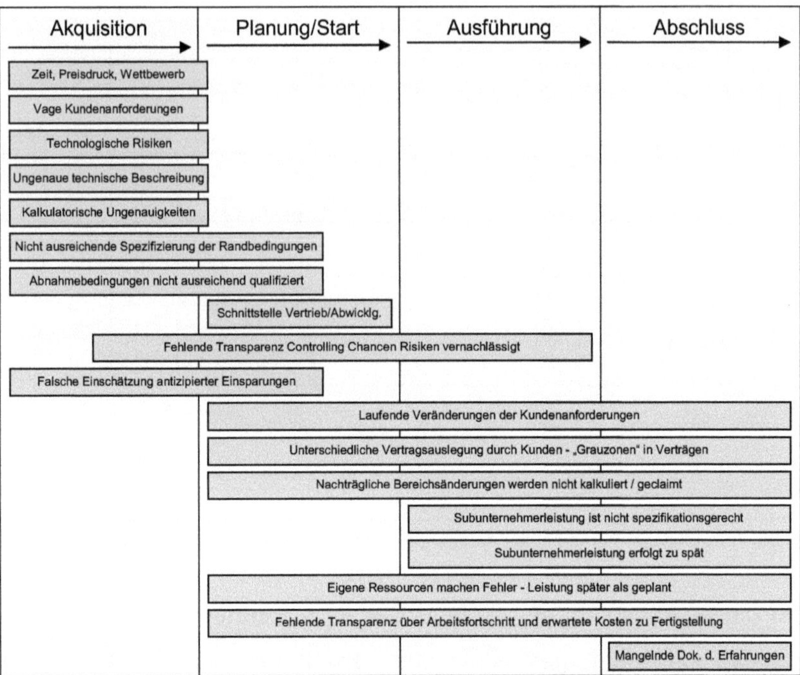

Abb. 8: Typische Probleme in der Wertschöpfungskette eines Projektes (vgl. Roland Berger 2004, S 5)

Erfahrungen aus konkreten Projekten zeigen, dass die Aufwandschwankungen oftmals weit über 10 % des Auftragsvolumens ausmachen. Wichtig ist eine Differenzierung zwischen internen und externen Faktoren. Dabei sind externe Faktoren weiter zu differenzieren, in beeinflussbare und nicht beeinflussbare Faktoren. Ein internes Problem ist beispielsweise der unzureichende Erfahrungstransfer aus Vorprojekten (vgl. Roland Berger 2002, S 14). Der professionelle und schnelle Umgang mit den auftretenden Problemen ist Aufgabe des Claim Managements.

Die Zuweisung eindeutiger Verantwortlichkeit im Projekt und das Zusammenführen funktionaler Kompetenzen sind notwendig, um das Claim Management nicht zu behindern und weitere Probleme in der Projektabwicklung zu vermeiden.

4.2 VORGEHENSWEISE BEI DER GESTALTUNGS-EMPFEHLUNG

Für die Erarbeitung dieser Gestaltungsempfehlung wurden Aspekte der Vorgehensweise beim Claim Management von Roland Berger Strategy Consultants, 11:55PM Consultants und der Literatur berücksichtigt. Die nachfolgende Gestaltungsempfehlung beginnt mit der Angebotsphase und endet mit der Nachbereitung. Dabei wird zwischen vorbeugendes (präventives) und aktives Claim Management unterschieden (vgl. Abb. 9).

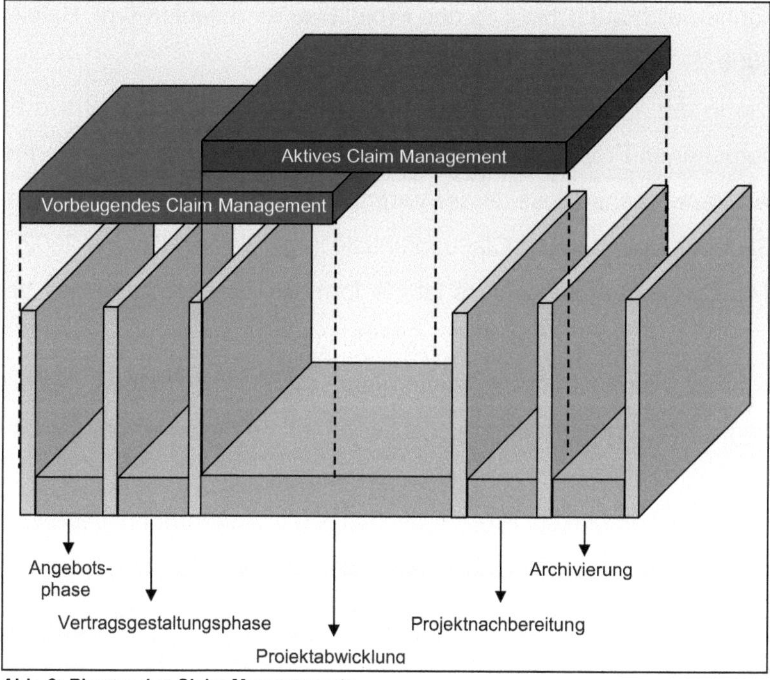

Abb. 9: Phasen des Claim Managements

In der Angebots- und Vertragsgestaltungsphase besteht ein großes

Claim Potential. Auf die Voranfragephase wurde in dieser Abbildung verzichtet, da in dieser Phase grundlegende Informationen über verschiedene Wettbewerber eingeholt werden und daher kein Claimpotential bietet.

Das vorbeugende Claim Management betrifft die Angebotsphase, die Vertragsgestaltungsphase und den Beginn der Abwicklungsphase. Bei der Angebotserstellung entstehen die ersten Claimpotentiale. Bei großen Projekten kann sich die Angebotsphase bis zu einem Jahr erstrecken. Für diese Phase werden hoch qualifizierte Mitarbeiter eingesetzt und die Kosten für die Angebotserstellung können sich auf 3 bis 5 % des Projektwertes belaufen (vgl. Halbleib 2000, S 150).

Die in der Verhandlungsphase bzw. Vertragsgestaltungsphase besprochenen Projektbestandteile münden schließlich in einem formellen Vertragsabschluss. In der Vertragsgestaltungsphase entsteht die Basis für die meisten Claimpotentiale (vgl. Roland Berger 2002, S 14). Der Vertragsabschluss ist die formelle Inkraftsetzung des Vertrages. Das Risiko des Auftragsverlustes ist überwunden. Erst jetzt können Claims überhaupt aufkommen, da nun die Parteien den vertraglichen Verpflichtungen nachkommen müssen (vgl. Halbleib 2000, S 152f).

Da beim komplexen Projektgeschäft viele Änderungen gegenüber der Basiskonfiguration notwendig sind, kommt bei der Projektabwicklung das aktive Claim Management zum Einsatz. Alle Änderungen müssen konsequent verfolgt, katalogisiert und kommentiert werden. „Ziel des Claim Managements während der Auftragsabwicklung ist es, entsprechend der projektspezifischen Claimstrategie bei claimfähigen Ereignissen Eigenclaims zu stellen bzw. Fremdclaims abzuwehren, ohne die Abwicklung des Auftrages insgesamt zu gefährden“ (vgl. Böker 1998, S 97).

Nach dem Projektabschluss soll in der Projektnachbereitung das abgeschlossene Projekt analysiert und anschließend archiviert werden. Die Ergebnisse der Nachbereitung sollen für die nachfolgenden Projekte als Erfahrungswerte dienen und einen ständigen Verbesserungsprozess unterstützen.

Die Vorgehensempfehlung beim Claim Management unterteilt sich in fünf Phasen, die sich über den Projektverlauf erstrecken (vgl. Abb. 10).

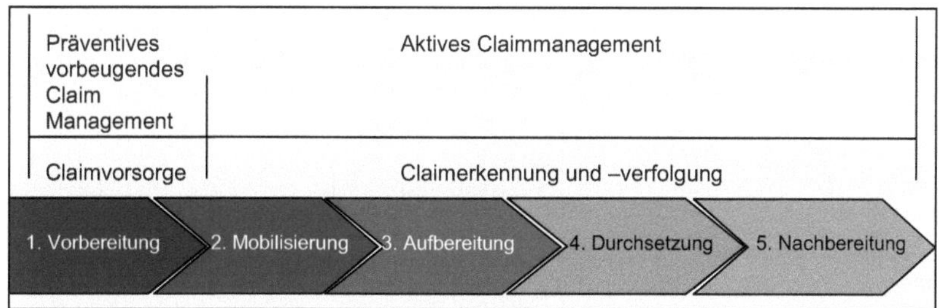

Abb. 10: Phasen der Gestaltungsempfehlung

Im Anhang A befindet sich eine Checkliste, um den Arbeitsfortschritt der einzelnen Phasen zu kontrollieren. Hier sind lediglich die wichtigsten Schritte, die beim Claim Management zu beachten sind, aufgeführt.

4.2.1 PHASE 1: VORBEREITUNG ZUM CLAIM MANAGEMENT

Der Einsatz von Claim Managementaktivitäten bei Abwicklungsstörungen ist meist zu spät, um effektives Claim Management zu betreiben. Daher muss das vorbeugende Claim Management, also vor der tatsächlichen Behandlung einer Störung der Auftragsabwicklung, eingesetzt werden.

Es ist aufgrund der Ist-Situation eine klare Identifikation der wesentlichen Problembereiche und eine präzise Formulierung des Problems vorzunehmen (vgl. Tiemeyer 2004, S 211).

Folgende Abbildung zeigt die Claimpotentiale der einzelnen Projektstufen. Hier zeigt sich, dass die Basis für die meisten Potentiale in der Verhandlungsphase gelegt wird (vgl. Abb. 11).

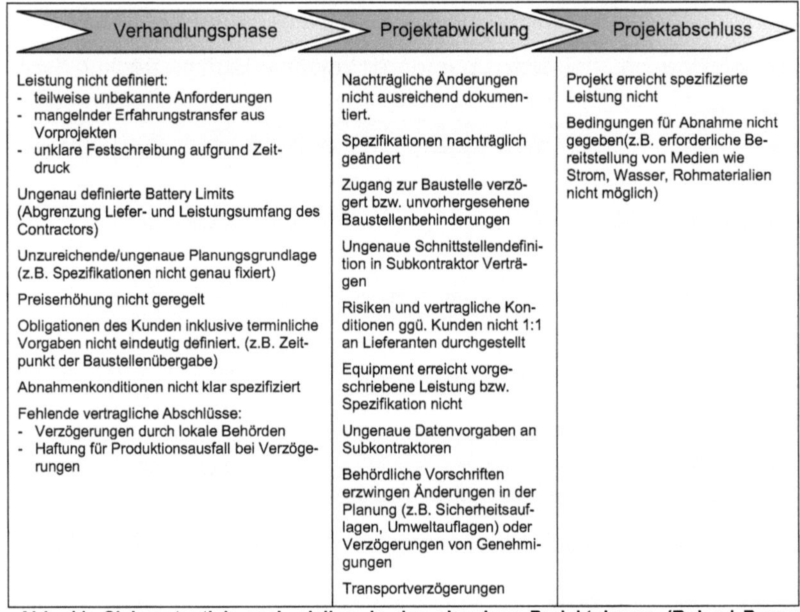

Verhandlungsphase	Projektabwicklung	Projektabschluss
Leistung nicht definiert: - teilweise unbekannte Anforderungen - mangelnder Erfahrungstransfer aus Vorprojekten - unklare Festschreibung aufgrund Zeitdruck Ungenau definierte Battery Limits (Abgrenzung Liefer- und Leistungsumfang des Contractors) Unzureichende/ungenaue Planungsgrundlage (z.B. Spezifikationen nicht genau fixiert) Preiserhöhung nicht geregelt Obligationen des Kunden inklusive terminliche Vorgaben nicht eindeutig definiert. (z.B. Zeitpunkt der Baustellenübergabe) Abnahmenkonditionen nicht klar spezifiziert Fehlende vertragliche Abschlüsse: - Verzögerungen durch lokale Behörden - Haftung für Produktionsausfall bei Verzögerungen	Nachträgliche Änderungen nicht ausreichend dokumentiert. Spezifikationen nachträglich geändert Zugang zur Baustelle verzögert bzw. unvorhergesehene Baustellenbehinderungen Ungenaue Schnittstellendefinition in Subkontraktor Verträgen Risiken und vertragliche Konditionen ggü. Kunden nicht 1:1 an Lieferanten durchgestellt Equipment erreicht vorgeschriebene Leistung bzw. Spezifikation nicht Ungenaue Datenvorgaben an Subkontraktoren Behördliche Vorschriften erzwingen Änderungen in der Planung (z.B. Sicherheitsauflagen, Umweltauflagen) oder Verzögerungen von Genehmigungen Transportverzögerungen	Projekt erreicht spezifizierte Leistung nicht Bedingungen für Abnahme nicht gegeben(z.B. erforderliche Bereitstellung von Medien wie Strom, Wasser, Rohmaterialien nicht möglich)

Abb. 11: Claimpotentiale und –risiken in den einzelnen Projektphasen (Roland Berger 2002, S 14)

Um mit den Claimpotentialen umgehen zu können, müssen zuerst grundsätzliche Vorbereitungen getroffen werden, welche wie folgt erläutert werden.

4.2.1.1 ORGANISATION DES CLAIM MANAGEMENTS

Die Basis für das Claim Management liefert die Organisation der Auftragsabwicklung im Unternehmen (vgl. Abb. 12).

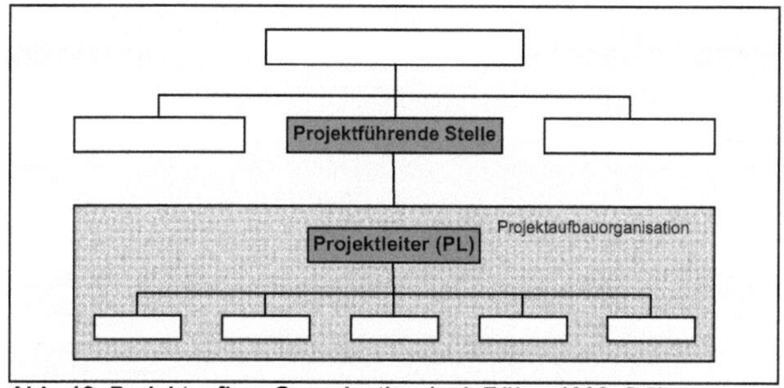

Abb. 12: Projektaufbau Organisation (vgl. Böker 1998, S 7)

Bei dem Unternehmen, bei welchem der Autor tätig ist, werden die Projekte je nach Größe in die Kategorien A, B, C und D Projekte unterteilt, wobei die Kategorie A das größte Projektvolumen darstellt. Die Organisationsformen für die Durchführung des Claim Managements werden in der folgenden Tabelle kurz vorgestellt (vgl. Tabelle 4).

C/D-Projekte	Beschreibung	Organigramm
Claim Management als Stabstelle	Der Claim Manager wird von außerhalb der Projektorganisation als Stabstelle eingebunden	Projektführende Stelle CM Projektaufbauorganisation PL
Vorteile:	- Es können mehrere C-Projekte betreut werden - Kapazitätsprobleme werden vermieden, da der Projektleiter unterstützt wird. - gute Auslastung	
Nachteile:	- schwierige Informationsbeschaffung	

B/C-Projekte	Beschreibung	Organigramm
Projektleiter ist Claim Manager	Das Claim Management wird aufgrund der steigenden Komplexität vom Projektleiter mit Unterstützung aus dem Projektteam wahrgenommen. Zusatzausbildung zum Claim Management ist oftmals notwendig.	Projektführende Stelle Projektaufbauorganisation PL = CM
Vorteile:	- Alle Abweichungsinformationen laufen beim Projektleiter zusammen - Kurze Informationswege und –zeiten - Kurze Reaktionszeit	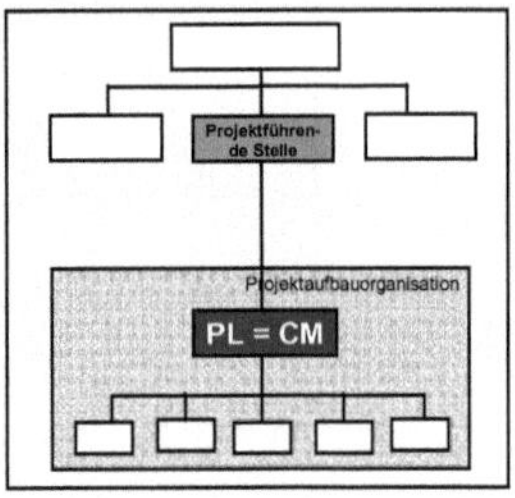
Nachteile:	- Da der Projektleiter nun zwei Hauptaufgaben zu bewältigen hat: Projekt Management und Claim Management, kann es vorkommen, dass der Schwerpunkt auf eines der beiden Ziele gelegt wird. - Eine Zusatzausbildung ist möglicherweise notwendig - Kapazitätsengpässe	

A/B-Projekte	Beschreibung	Organigramm
Claim Management als eigenständige Stelle in der Projektorganisation	Claim Management ist in dieser Projektkategorie ein Fulltimejob. Eine enge Abstimmung zwischen Projektleitung und Claim Manager ist erforderlich.	
Vorteile:	- Getrennte Verfolgung beider Ziele: „Sicherstellung der Auftragsrealisierung" und „Optimierung des wirtschaftlichen Ergebnisses" - Getrennte Verhandlungen gegenüber Auftraggeber, Auftragnehmer, Vertragspartner, Konsortien. - Eigenständigere Verhandlungsstrategien, - Keine Kapazitätsprobleme	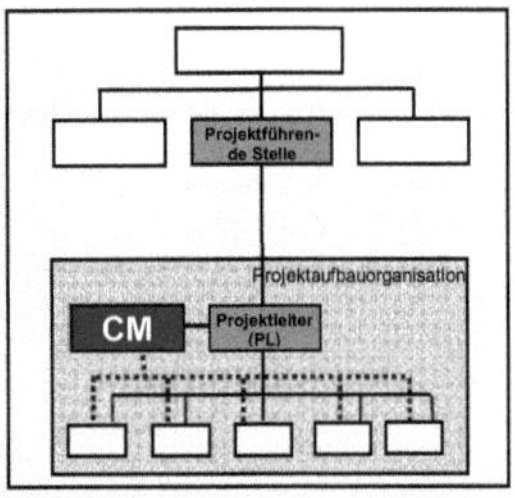 Projektführende Stelle Projektaufbauorganisation CM Projektleiter (PL)
Nachteile:	- Zusätzliche Kosten (Personalreisen, etc.) - Erschwerte Informationsbeschaffung - Erhöhtes projektinternes Konfliktpotential	

Tabelle 4: Claim Management Organisationsformen zur Projektart (vgl. Schott, S 11ff)

In allen drei Organisationsformen ist ein Ansprechpartner für vertragsrelevante Rücksprachen zu benennen.

4.2.1.2 FESTLEGUNG EINER CLAIM MANAGEMENT STRATEGIE

In der Vorbereitungsphase ist eine Claimstrategie festzulegen, da diese strategische Ausrichtung die Gestaltung des Angebotes und die Vertragsgestaltungsphase erheblich beeinflusst.
„Claimstrategie ist die projektspezifische Entscheidung im Umgang mit Claims und der Vorgangsweise gegenüber den Vertragspartnern" (Schimmel 2004, S 32).
In der Fachliteratur findet man mehrere Methoden, mit deren Hilfe, Strategien und im speziellen Projektstrategien, identifiziert werden können.
Auf die Darstellung der passiven Claim Management Strategie (vgl. Tabelle 5) wird hier bewusst verzichtet, da diese Form auf den vollständigen Verzicht jeglichen Anspruchs zielt.

Strategie		Defensives Claim Management	Offensives Claim Management
Aspekte		Verhaltensweisen	
Vertrag		geringes Claimpotential	hohes Claimpotential
Eigen-claims	Claim-schwelle	nur bei gravierenden Verstößen	bei allen claimverdächtigen Ereignissen
	Claim-forderung	in Höhe der tatsächlichen Auswirkungen	maximal bzw. bewußt überhöht
Fremdclaims		berechtigte Forderungen akzeptieren	alle Claims in Frage stellen
Claimförderung		alle Möglichkeiten zur Verhütung ausschöpfen	Verschweigen von Fakten

Tabelle 5: Claimstrategien (vgl. Forst 1994, S 80)

Die defensive und offensive Art der Claimstrategie umfasst alle Überlegungen, die zur Abwendung von Schaden dienen.
Bei der defensiven Strategie ist die Zielsetzung, dass zunächst alle Möglichkeiten ausgeschöpft werden, um sowohl Eigen- als auch

Fremdclaims zu vermeiden (vgl. Halbleib 2000. S 329). Damit ist allerdings nicht gemeint, dass Konflikte um jeden Preis vermieden werden. Beispielsweise wird schon bei Vertragshandlungen auf mögliche Abweichungen hingewiesen. Claims werden bei dieser Strategie als Claims der Schadensbegrenzung gesehen. Es gilt der Grundsatz „Der beste Claim ist kein Claim" (vgl. Böker 1998. S 13).
Das offensive Claim Management hingegen hat das Ziel, möglichst viele Eigenclaims zu stellen und jegliche Fremdclaims in Frage zu stellen. In der Vertragsgestaltung werden bei dieser Strategieform nach Möglichkeit Verträge ausgearbeitet, welche mit einem hohen Claimpotential versehen sind (vgl. Kapitel 4.2.1.4.). Dies bedeutet aber nicht, dass der Vertrag viele Grauzonen beinhaltet. Beispielsweise wird eine möglichst große Anzahl von Meilensteinen definiert und damit die Mitwirkungspflicht (vgl. Kapitel 4.2.1.5.) des Kunden bzw. Lieferanten gefordert (vgl. Forst 1994, S 80). Diese Vorgangsweise ermöglicht bei auftretenden Schwierigkeiten im Abwicklungsprozess die Stellung von Claims in der Abwicklung zu ermöglichen. Eigenclaims werden durch die offensive Strategie bewusst gefördert und Schwierigkeiten bei der Durchsetzung in Kauf genommen (vgl. Halbleib 2000. S 328). Die Optimierung des wirtschaftlichen Ergebnisses steht dabei ganz eindeutig im Vordergrund.
Grundsätzlich muss aber angemerkt werden, dass die Pflege der guten und dauerhaften Beziehung zu den Kunden und anderen Partnern die Basis des Geschäftserfolges darstellt.
Aus Sicht der Kundenorientierung ist es daher notwendig, die Anzahl der Claims möglichst gering zu halten, da letztlich mit jedem Claim auch ein möglicher Konflikt mit dem Kunden provoziert wird. Dies kann die ordnungsgemäße Abwicklung des Auftrages negativ beeinflussen und somit die Projektziele gefährden. Laut firmeninter-

ner Richtlinie des Unternehmens, bei welchem der Autor tätig ist, muss für jedes Projekt eine individuelle Claimstrategie festgelegt werden (vgl. Abb. 13).

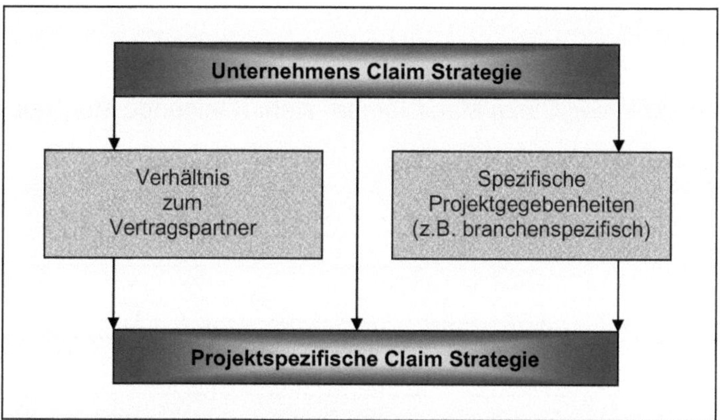

Abb. 13: Projektspezifische Claimstrategie

Die Abbildung 13 stellt die unterschiedlichen Einflussgrößen und möglichen Aspekte für die Bestimmung einer projektspezifischen Claimstrategie dar. Ausgangspunkt sind jeweils die Grundsätze, die als Unternehmens- oder Geschäftsfeldstrategie in Bezug auf das Claim Management zu formulieren sind. „Diese Grundsätze orientieren sich an den Unternehmenszielen und sind ein Ausdruck der Unternehmenskultur" (Forst 1994, S 81).

Die Strategie ist unter Berücksichtigung folgender Gesichtspunkte zu wählen (vgl. Böker 1998, S 83):

- Sicherstellung der ordnungsgemäßen Auftragsabwicklung,
- Sicherung guter Kundenbeziehungen und
- Optimierung des wirtschaftlichen Ergebnisses.

Unter Berücksichtigung der gemachten Erfahrungen und Erwartungen können die Grundsätze für das jeweilige Projekt in Hinblick auf den Vertragspartner und die spezifischen Projektgegebenheiten angepasst werden.

4.2.1.3 AUSWAHL VON MASSNAHMEN FÜR EFFEKTIVES CLAIM MANAGEMENT

Für ein effektives Claim Management stehen folgende Möglichkeiten zur Auswahl (Abb. 14).

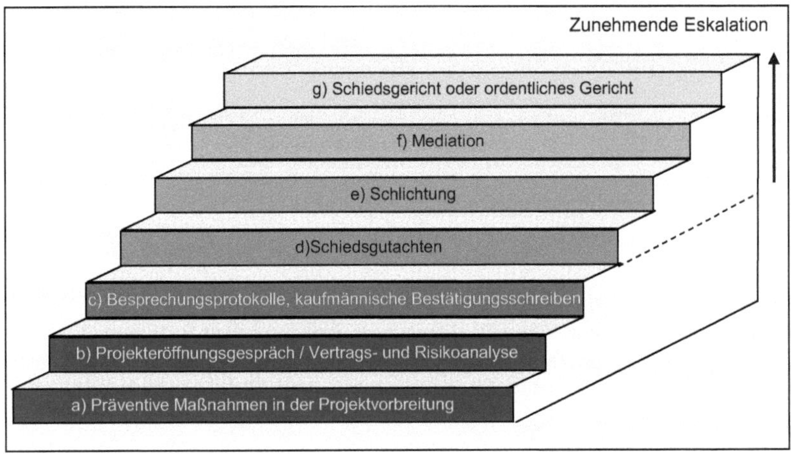

Abb. 14: Maßnahmen für effektives Claim Management (Schimmel 2003, S 13)

Dabei sind a) und b) die Voraussetzungen für ein effektives Claim Management. c) dokumentiert die Sachverhalte um Claims zu sichern, d) bis f) sind mögliche Eskalationsstufen in der Durchsetzung von Claims.

Die ersten Stufen werden kurz erläutert.

a) Präventive Maßnahmen:

Hierzu zählen alle vorbeugenden Maßnahmen, welche in der Angebots- und Vertragsphase gemacht werden, um die Basis für ein effektives Claim Management zu legen (vgl. Kapitel 4.2.1.4.).

b) Projekteröffnungsgespräch / Vertrags- und Risikoanalyse:
Nach Auftragseingang muss der Vertrag u.a. darauf hin untersucht werden, welche Regelungen beim Claim Management zu beachten sind. Dafür ist ein Projekteröffnungsgespräch vorgesehen.

c) Besprechungsprotokolle, kaufmännisches Bestätigungsschreiben:
Oftmals werden Änderungen zwar mündlich geklärt, aber nicht schriftlich festgelegt. Um dies zu verhindern, sollte man die Änderungen in einem Besprechungsprotokoll festhalten und dieses vom Vertragspartner gegenzeichnen lassen. Empfehlenswert ist ein so genanntes kaufmännisches Bestätigungsschreiben, welches eine mündliche Einigung zeitnah schriftlich bestätigt. Dieses Bestätigungsschreiben gilt jedoch nur zwischen Kaufleuten, widerspricht ein entscheidungsbefugter Mitarbeiter diesem nicht, gilt es als vereinbart. Folgende Voraussetzungen müssen erfüllt sein (vgl. Rechtslexikon – Online 2000):
- Die Vertragsparteien müssen Kaufleute sein
- Die Vertragsverhandlungen müssen dem Schreiben vorausgegangen sein.
- Unter Wiedergabe des Vertragsinhalts bestätigt das Schreiben den Vertragsschluss
- Der Empfänger darf nicht unverzüglich widersprochen haben.

d) Schiedsgutachten:
Stellt die erste Eskalationsstufe dar. Sind sich die Vertragspartner bei einem Claimfall nicht einig, kann ein Schiedsgutachten als zusätzliches Instrument herangezogen werden. Dabei wird ein neutraler, kompetenter Dritter von beiden Parteien beauftragt, die Streitfrage zu erörtern, in einem schriftlichen Gutachten zu beur-

teilen.

Dies kann als bindend oder nicht bindend vereinbart werden. Es empfiehlt sich, dieses als nicht bindend zu vereinbaren, da die Bereitschaft, sich einem bindenden Gutachten zu unterwerfen, im Zweifelsfall sehr gering sein wird (vgl. Schimmel 2004, S 22). Entzieht sich eine Vertragspartei der Einigung kann der Weg zum Schiedsgericht eingeschlagen werden.

e) Schlichtung:

Der wesentliche Unterschied zum Schiedsgutachten besteht darin, dass sich der Schlichter nicht nur auf die gutachterliche Würdigung beschränkt, sondern einen Einigungsvorschlag erarbeitet und mit den Parteien bespricht.

f) Mediation:

Der wesentliche Unterschied zur Schlichtung besteht darin, dass der Mediator die Konfliktparteien allparteilich darin unterstützt, eine für alle Parteien annehmbare Konsenslösung zu entwickeln (vgl. 4.2.1.3.1).

g) Schiedsgericht oder ordentliches Gericht

Die letzte Eskalationsstufe wird eingesetzt, wenn die vorherigen Stufen nicht zum Ziel geführt haben. Es ist zu beachten, dass diese Form erhebliche Kosten nach sich ziehen kann und erst bei einem hohen Streitwert eingesetzt werden sollte.

4.2.1.3.1 MEDIATIONSVERFAHREN

Das Mediationsverfahren wurde in den USA entwickelt. Es handelt sich um ein Verfahren, welches unter Beiziehung eines Dritten (dem Mediator), die Parteien in der selbstständigen Streitbeilegung begleitet. Die Mediation basiert auf der moralischen Überlegung und der Kompromissbereitschaft der Streitparteien. Im Zentrum steht dabei der gute Wille aller Beteiligten, einen für alle Parteien vorteilhaften Konsens zu erzielen und die guten Beziehungen zwischen den Parteien wieder herzustellen bzw. zu erhalten.

Das Mediationsverfahren ist eine strukturierte und systematische Form der Konfliktlösung. Alle am Konflikt beteiligten Parteien nehmen an diesem Verfahren teil, der Mediator unterstützt allparteilich die Konfliktparteien darin, gemeinsam in einer fairen Vorgehensweise eine Konsenslösung zu entwickeln. Der Mediator ist ein professioneller Konfliktmanager und für die fachgerechte und konsensfördernde Leitung des Verfahrens zuständig.
Den Abschluss einer Mediation bildet in der Regel eine verbindliche, umsetzbare Vereinbarung zwischen den Parteien darüber, wie der Konflikt gelöst wurde. Das eigenverantwortliche gemeinsame Erarbeiten der Regelungen ermöglicht den Parteien wiederum langfristig tragbare Beziehungen zu entwickeln, welche über das Mediationsverfahren hinausreichen. Bei der Mediation verbleibt die volle Entscheidungskompetenz bezüglich der Regelung des Konfliktes bei den Parteien. Lediglich die Verantwortung über die Vorgehensweise wird dem Mediator übergeben. Dieser hat die Parteien in geeigneter Form zu unterstützen, sodass für die Parteien gute Chancen für eine einvernehmliche Lösungsfindung bestehen (vgl. Flucher & Kochendörfer & Minckwitz & Viering, S. 6f).
Im Gegensatz zum Gerichtsverfahren, bei dem es immer Sieger und Verlierer gibt, wird beim Mediationsverfahren versucht, eine für beide Seiten akzeptable Lösung zu finden. Im Idealfall sollte eine „Win-Win-Situation“ aller Projektbeteiligten entstehen. Die Lösungsfindung ist der Mittelpunkt des Prozesses und baut auf die Kompromissbereitschaft der einzelnen Parteien auf.

„Alleine die Vereinbarung, dass man konsensorientierte Lösungen suchen will, hat meist eine äußerst positive Auswirkung auf das gesamte Arbeitsklima der Baustelle“ (vgl. Flucher & Kochendörfer & Minckwitz & Viering, 2003, S. 20).

4.2.1.4 PRÄVENTIVE MASSNAHMEN IN DER ANGEBOTS- UND VERTRAGSPHASE

Mit einem Angebot wird die Projekt- und Auftragsabwicklung geplant und nach Vertragsabschluss die Auftragsabwicklung eingeleitet. Im Folgenden wird beschrieben, wie in der Angebots- und Vertragsphase die Basis für ein erfolgreiches Claim Management während der späteren Projektentwicklung gelegt werden kann.

Die Ausarbeitung des Angebotes muss in der Weise erfolgen, dass dem Claim Management für die spätere Abwicklung eine verlässliche Grundlage geboten wird. Kundenspezifische Schwachpunkte sind durch klare Definitionen in der Angebotsphase in der Weise darzulegen, dass auf dieser Basis später Claims aufgebaut werden können. Ziel des Claim Managements vor Vertragsabschluss ist, die Vertragsqualität zu verbessern, weniger Grauzonen im Vertrag zu haben und Regelungen bei Streitigkeiten vorwegzunehmen (vgl. Forst 1994, S 83).

Hier wird bereits die Claimstrategie entwickelt (vgl. Kapitel 4.2.1.2.). Während der Angebots- und Vertragsgestaltungsphase ist darauf zu achten, dass alle Liefer- und Leistungsbeschreibungen klar definiert sind.

Die Vertragsgrundlage ist grundsätzlich das Bürgerliche Gesetzbuch (ABGB). Oftmals wird zusätzlich die Ö-Norm (Vergabe- und Vertragsordnung für Bauleistungen) herangezogen, da sie spezielle Be-

lange im Bauwesen berücksichtigt und eine Vereinbarung über Art und Umfang der Leistungen beinhaltet. Im Bauvertrag werden die Leistungspflicht des Auftragnehmers und die Vergütungspflicht des Auftraggebers geregelt.
Eine grundsätzliche Angebots- und Vertragsprüfung ist unbedingt notwendig, um Claimrisiken und –potentiale aufzudecken. Hier ist es ratsam, Rechtsanwälte zur Unterstützung bei der Überprüfung einzusetzen.
Laut Abwicklungsanweisung des Unternehmens, bei welchem der Autor tätig ist, sind die Empfehlungen bei der Angebots- und Vertragsphase einzubauen, welche als Checkliste für präventive Maßnahmen im Anhang B dargestellt sind (vgl. Schimmel 2004, S 55).

4.2.1.5 FESTLEGUNG DER GESTALTUNGSSPIELRÄUME HINSICHTLICH CLAIM MANAGEMENT

Bei der Abwehr vertraglicher Risiken ist eine enge Zusammenarbeit mit Rechtsanwälten notwendig. Jedes bedeutungsvolle Risiko erfordert eine Einzelstrategie zur Claimabwehr. Daher muss jeder Vertrag separat und individuell durchforstet werden, um mögliche Claimpotentiale aufzudecken. Wichtig dabei ist, die festgelegte defensive oder offensive Art der Claimstrategie (vgl. Kapitel 4.2.1.2) zu beachten.
Dabei kommt das systematische Vertragsmanagement zum Einsatz, welches methodische Vorgehensweisen für erste Abwehrmöglichkeiten bietet (vgl. Tabelle 6):

1 Abwehrmöglichkeiten	Grundsätzliches Vorgehen
• Systematisches Vorgehen bei der Identifizierung von Claimrisiken • Bereits in der Anfangphase eines Projektes (auf Angebotsphase) beginnen • Nicht sporadisch von Fall zu Fall, sondern permanent während der gesamten Projektlaufzeit bearbeiten	
2 Abwehrmöglichkeiten	Mitwirkungspflicht
• Das Risiko des Fremdclaims sollte mit Bezug auf die Mitwirkungspflichten des Auftraggebers minimiert werden. Falls der Auftraggeber seine Mitwirkungspflicht nicht vollständig bzw. nicht rechtzeitig erfüllt, muss dies strategisch genutzt werden.	
3 Abwehrmöglichkeiten	Nachforderungen
• Projektrisiken können durch ein gezieltes Aufspüren von Nachforderungsmöglichkeiten mittels Claimchecklisten und einer strikten Arbeitssystematik minimiert werden und somit den Projekterfolg sichern.	
4 Abwehrmöglichkeiten	Kein Vertragsabschluss
• Bei zu hohen Risiken, d.h. bei nicht zumutbaren Gegebenheiten eine Nachforderung nicht zuzulassen, darf die Möglichkeit einen Vertrag nicht abzuschließen nicht außer acht gelassen werden. Beispiele sind vertragliche Regelungen, die den Auftraggeber zum Ersatz indirekter und Folgeschäden verurteilen, die Vertragzeitverlängerungen oder Kündigungen ausschließen.	

Tabelle 6: Abwehrmöglichkeiten Fremdclaims (vgl. Winter 2001, Kapitel 3.6.2 S 1)

Ein wichtiger Grundsatz besteht darin, den Vertrag als Prinzip zu verstehen. Er ist das bindende Gesetz der Vertragsparteien und die Vertragsoptimierung soll im Vordergrund stehen.

Nach Auftragseingang sollte mittels eines Projekteröffnungsgespräches geklärt werden, welche Ansprüche der Vertrag bei Änderungen vorsieht und welche Form– und Verfahrensvorschriften der Vertrag enthält.

4.2.1.6 PROJEKTDOKUMENTATION ALS GRUNDPFEILER DES CLAIM-ERFOLGES

Oftmals wird beim Projektablauf die Projektdokumentation vernachlässigt bzw. nicht effektiv gestaltet. Dies hat zur Folge, dass wichtige Dokumente nicht bzw. nur mit einem erheblichen Aufwand wieder gefunden werden können. Die Projektdokumentation dient der Prozessoptimierung und ist der Grundpfeiler des Claimerfolges. Laut der „Claimtrias“ (Kapitel 2.2.6.3.) ist ohne ausreichende Klärung und

Dokumentation des Sachverhaltes eine Durchsetzung von Claims kaum möglich. Durch Dokumentdokumentation ist die gezielte Selektion derjenigen Schriftstücke möglich, welche eine schlüssige Beweisführung im Claim-aufbau bzw. bei der Claimabwehr ermöglichen (vgl. 11:55 PM Consultants 2004, 4. Ausgabe, S 6).

Die Projektdokumentation muss folgende Anforderungen erfüllen (vgl. 11:55, PM Consultants 2004, 4. Ausgabe, S 6f):

1. Eindeutigkeit:

   Jedes Dokument darf nur einmal existieren, wobei Originale besonders gekennzeichnet werden.

   Dokumente, gleich welcher Art, werden mit einer fortlaufenden Nummer versehen.

2. Struktur:

   Die einzelnen Dokumente müssen zu den jeweiligen Bauabschnitten, Vertragspartner, Vertragsparagraphen, Datum, Bearbeiter, Versender, etc. zugeordnet werden.

   Optimal ist die Erfassung in einer zentralen Datenbank, in der nach bestimmten Kriterien die benötigten Dokumente gefunden werden können.

3. Nachvollziehbarkeit:

   Die Ablage der Dokumente innerhalb des Dokumentenmanagementsystems muss für alle Projektbeteiligten nachvollziehbar sein. Es ist daher notwendig, dass sich alle Projektbeteiligten auf eine einheitliche Projektdokumentation einigen.

4. Klare Beweissicherheit:

   Die abgelegten Dokumente müssen die einzelnen Vorfälle klar und eindeutig dokumentieren. Sie müssen als Beweismittel herangezogen werden können und um allenfalls vor einem Schiedsgericht die Eigenclaims dokumentieren zu können. Im Kapitel 4.2.3.1. wird auf die Möglichkeiten der Beweissicherung eingegangen.

Bei einem Schiedsgerichtsverfahren erlangen die Beweisdokumente eine rechtlich stärkere Stellung durch eine nachweislich eindeutige Kennzeichnung. Da die Dokumente nach Vertragsparagraphen abgelegt wurden, sind diese schon hinsichtlich ihrer Vertragsrelevanz überprüft. Somit wird eine bessere Beweisführung ermöglicht.

Der letzte Punkt ist die Prozessoptimierung, da die aufwendige und zeitraubende Sucherei nach wichtigen Dokumenten nicht mehr nötig ist; außerdem können aus der Projektdokumentation für weitere Projekte Erfahrungen gesammelt werden.

4.2.2 PHASE 2: MOBILISIERUNG DES CLAIM MANAGEMENTS

Nach Vertragsabschluss beginnt die Phase der Projektabwicklung und damit des aktiven Claim Managements.

„Das aktive Claim Management findet auf der durch das vorbeugende Claim Management geschaffenen Basis statt, wenn es im Zuge der Abwicklung des Auftrages zu Abweichungen zwischen den vertraglichen Vereinbarungen und dem Ist-Geschehen bei der Abwicklung kommt.“ (Böker 1998, S 96).

Änderungswünsche, sog. Change Order des Kunden müssen sofort dokumentiert und schriftlich bestätigt werden. Claim Potentiale müssen bei Vertragsverletzung erkannt werden und können anschließend aufgrund der gemachten Dokumentation durchgesetzt bzw. abgewehrt werden.

Abbildung 15 stellt den Ablauf der Gestaltungsempfehlung dar. Aufgrund der geleisteten Vorbereitungen in Bezug auf das Claim Management in der ersten Phase kann nun das aktive Claim Management gestartet werden. Die Vorgehensweise wird in dieser und den folgenden Phasen beschrieben.

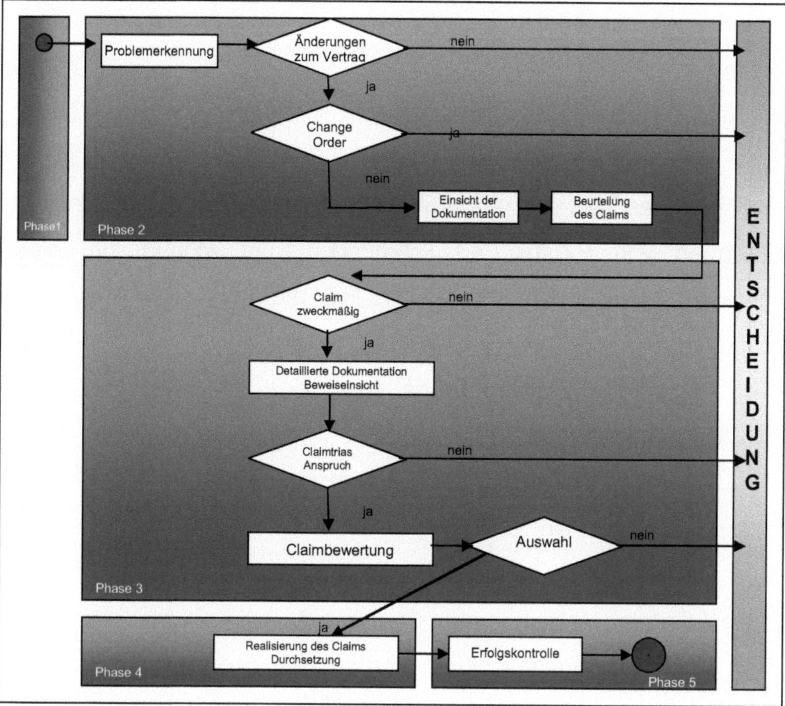

Abb. 15: Ablauf der Gestaltungsempfehlung

4.2.2.1 DAS ÄNDERUNGSLOGBUCH ZUR ERKENNUNG VON ABWEICHUNGEN

Während des aktiven Claim Managements wird ein Änderungslogbuch erstellt, um alle Änderungen zu erfassen bzw. zu erkennen. Im anschließenden Claim Management werden die Änderungen kategorisiert und dokumentiert. Das Änderungslogbuch gibt während der Projektabwicklung Aufschluss über folgende Gesichtspunkte der Kostenänderung:

- Wann ist die Änderung entstanden?
- Was ist die Änderungsursache?
- Wer hat die Änderungen im System vorgenommen?

- Welche Auswirkungen hat die Änderung?

Alle Erlösänderungen müssen manuell in das Änderungslogbuch eingetragen werden.

4.2.2.2 CLAIMPOTENTIALE IN DER PROJEKTABWICKLUNG ERKENNEN

Im Projektgeschäft sind Änderungen ganz alltäglich. Ein frühzeitiges Erkennen von Eigen- und Fremdclaims ist wichtig, um diese schnellstmöglich zu kommunizieren. Hier die wichtigsten Anspruchsgrundlagen (vgl. Roland Berger 2002, S 15f):

1. Es werden Zusatzaufträge spezifiziert, die nicht im Vertrag vorgesehen sind.
2. Arbeiten müssen auf Kundenwunsch in einer vom Vertrag abweichenden Art und Weise ausgeführt werden.
3. Der Kunde wünscht nach Vertragsabschluss einen speziellen Zulieferer für bestimmtes Equipment.
4. Nach Vertragsabschluss ergeben sich Änderungen aufgrund veränderter Spezifikationen, Standards, Gesetze, etc.
5. Durch ungenaue oder widersprüchliche Angaben aus den vom Kunden bereitzustellenden Unterlagen ergeben sich Änderungen.
6. Änderungen des Zeitplans aufgrund von Unterbrechungen, welche vom Kunden zu verantworten sind.
7. Eine Nichterfüllung der vertraglichen Randbedingungen erfordert gewisse Prozessmodifikationen.

Auftretende Änderungen müssen von allen Projektbeteiligten an die für Claim Management verantwortliche Stelle gemeldet werden. Claim Management ist im eigentlichen Sinne nicht die Aufgabe einer einzelnen Person, es wird eher als Rolle verstanden. Damit ist zu verstehen, dass alle Projektbeteiligten Änderungen bzw. mögliche

Claimpotentiale dem Claim Manager melden. Als Hilfsmittel für Änderungswünsche sollte der Änderungsantrag (vgl. Patzak und Rattay 2004, S 309) bzw. Change Request (vgl. Anhang C) verwendet werden. Mit diesem Standardformular werden Änderungsanträge geschrieben. Nach intensiver Überprüfung können diese auch genehmigt werden. Dabei ist darauf zu achten, dass alle Änderungswünsche vom Kunden unterschrieben werden.

Um möglichst schnell Claimpotentiale im Projektalltag zu erkennen, muss eine klare Ablaufprozedur das schnelle Kommunizieren von Änderungen ermöglichen. Regelmäßige Meetings, in denen die Dokumentation, Claimfälle und das allgemeine Projektgeschehen besprochen werden, sind zu empfehlen.

4.2.2.3 EMPFEHLUNGEN FÜR EIGEN- UND FREMDCLAIMMANAGEMENT

Für Eigen- und Fremdclaims ist eine unterschiedliche Vorgehensweise notwendig. In der Tabelle werden diese aufgezeigt (vgl. Tabelle 7).

Eigenclaim Management	Fremdclaim Management
Unklarheiten frühzeitig klären	Claimverdächtige Sachverhalte kommunizieren
Unmittelbar nach Vertragsabschluss diesen im Projekteröffnungsgepräch analysieren	Angemeldete Claims analysieren: Anspruchsgrundlage, Form- / Verfahrensvorschriften eingehalten – sind Claimunterlagen beweiskräftig?
Festlegen, wer im Projekt für das Claim Management zuständig ist	Überprüfung der Claimsachverhalte durch schriftliche Befragung der Beteiligten
Besprechungsergebnisse immer schriftlich bestätigen	Gegeneinwände prüfen, hat der Vertragspartner frühzeitig informiert
Claimsachverhalt aufbereiten, dokumentieren, bewerten und in einem Claimformular festhalten (Claimtrias)	Auf Unklarheiten beim Sachverhalt hinweisen
Bei komplexen Sachverhalten frühzeitig externe Hilfe einsetzen	Prüfen, ob mit Gegenansprüchen aufgerechnet werden kann
Claims frühzeitig und nachhaltig verfolgen	Bei starker eigener Position sind Claims zurückzuweisen. Steht die konstruktive Zusammenarbeit im Vordergrund, dann sollte ein Schiedsgutachten angeboten werden.

Tabelle 7: Empfehlungen zum Claim Management (vgl. Schimmel 2004, S 25)

Bei den Eigenclaims sollte man versuchen, den Kundenvorteil bei zusätzlichen Leistungen darzulegen. Dies erfordert ein gewisses Verhandlungsgeschick und ein erhebliches Maß an Erfahrung im Kundenumgang. Sollten Eigenclaimverhandlungen jedoch nicht zum Ziel führen, ist ein Schiedsgutachten vorzuschlagen (vgl. Kapitel 4.2.1.3.).

4.2.2.4 BEURTEILUNG DER ERMITTELTEN CLAIMS

Die erkannten Claimpotentiale müssen hinsichtlich ihrer Auswirkungen auf den Projektverlauf, ihrer Eintrittswahrscheinlichkeit und Potentiale bewertet werden. Diese sind an den Claim Manager sofort zu melden, müssen anhand der Dokumentation geprüft und mit den Projektverantwortlichen diskutiert werden.
Aufgrund der beschlossenen Claimstrategie und den momentanen Projektereignissen ist ein weiteres Vorgehen zu beschließen.

4.2.2.5 SICHERUNG DER BEWEISMITTEL

Die Claimdokumentation ist ausschlaggebend für die Claimdurchsetzung. Neben der generellen Projektdokumentation müssen noch weitere Beweismittel dokumentiert (vgl. Abb. 16) und zum jeweiligen Claimfall abgelegt werden.

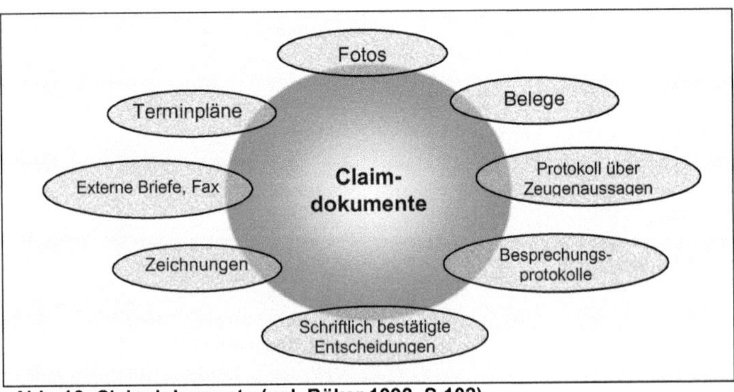

Abb. 16: Claimdokumente (vgl. Böker 1998, S 102)

Fotos sind eine sehr wichtige Dokumentationsform, da sie Situationen während der Montage – oder Inbetriebnahme des Auftrages – festhalten. Ebenfalls sehr wichtig sind die Besprechungsprotokolle. Viele Änderungen gegenüber den vertraglichen Vereinbarungen werden in Besprechungen vorgenommen. Es muss darauf geachtet werden, dass diese stets vom Vertragspartner unterzeichnet werden. Wenn möglich sollten sie selbst erstellt werden. „Wer Protokoll führt, bestimmt, was in der Besprechung gesagt wurde" (Böker 1998, S 102).

4.2.3 PHASE 3: AUFBEREITUNG DER CLAIMS

Nachdem die Claimpotentiale erkannt wurden und die Entscheidung über die Vorgehensweise getroffen wurde, müssen Claims aufbereitet werden.

4.2.3.1 STRUKTURIERUNG DER BEWEISMITTEL

Um die Beweiskraft und die Verhandlungsposition entscheidend zu beeinflussen, ist ein besonderes Augenmerk auf die Vollständigkeit und den logischen Zusammenhang der Beweismittel zu richten. Dies gilt bei Eigen- und Fremdclaims uneingeschränkt.

Die Dokumentation jedes Claims ist nach dem Sachverhalt, nach Verursachung und nach Auswirkung aufzubauen. Entscheidend für die Durchsetzung eines Claims ist die Beweisfähigkeit, welche sehr eng mit der Dokumentation zusammenhängt. Daher ist zu empfehlen, dass die Beweisstruktur entsprechend der Dokumentenstruktur aufgebaut wird. Im Einzelfall empfiehlt sich für eine Analyse der rechtlichen Situation eine Abstimmung mit einem Rechtsanwalt.

4.2.3.2 AUFBEREITUNG UND CLAIMBEWERTUNG

Laut 11:55 PM Consultants ist es für die Aufbereitung und Bewertung ratsam, eine weitere Tabelle anzulegen, um die Durchsetzung von Claims zu unter-stützen (vgl. Abb. 17). Es ist anzumerken, dass die Zahlen frei erfunden sind, sie dienen lediglich der Darstellung des Claimergebnisses.

Bemerkung: Angabe aller Zahlen in T€

ID	Beschreibung des Claims	Vertrags-Paragr	Beweis-mittel	Claim-höhe	Redu-zierung des Claims	Voraus-sicht-licher Gegen-anspruch	Geschätzte Aufwen-dungen	Durch-setzungs-wahr-schein-lichkeit in %	Erwar-tetes Claim-ergebnis
01	Zusätzliche Kosten aufgrund schlechter Unter-lagen	§ 3, Abs. 1d – Seite 5	Plan-Unter-Lagen Ordner 9a	500	0	100	5	95	395
02									
03									
	Total (in T€)			500	0	100	5	95	395

Nebenrechnung: 500 – 0 – 100 – 5 = **395,00 T€**
Tatsächliche Profitchance 395 x 0,95 = **375,25 T€**

Abb. 17: Claimbewertung (vgl. 11:55 PM Consultants, Ausgabe 5, S 10)

Die Tabelle (vgl. Abb. 17) wird kurz von links (erste Spalte) nach rechts erläutert (vgl. 11:55 PM Consultants, Ausgabe 5, S 9ff).

1. Spalte: Den einzelnen Claims wird zuerst eine laufende Nummer zugeordnet (Claim ID)

2. Spalte: Eine Gesamtforderung sollte in Einzelclaims zerlegt werden (s. Kapitel 4.2.4.3.). In Claimverhandlungen hat dies den Vorteil, dass ein notwendiges Nachgeben nicht die Durchsetzung der gesamten Forderungen betrifft.

3. Spalte: Aufgrund einer Vertragsanalyse werden die einzelnen Claimfälle (falls möglich) einzelnen Vertragsparagraphen zugeordnet.

4. Spalte: Nach der gemachten Beweissicherung werden die Beweise den Forderungen zugeordnet. Hier werden die entsprechenden Nummern der Beweisstruktur eingetragen (vgl. Kapitel 4.2.3.1.).

5. Spalte: Nun folgt die monetäre Bewertung der Detailclaims. Hier müssen die Claimbeurteilungen aus der vorhergehenden Phase berücksichtigt werden.

6. Spalte: Bei welcher Forderungshöhe wird die Kundenbeziehung gestört (dies ist mit den Verantwortlichen im Projektteam zu diskutieren) Auch ist es notwendig, eine gute Argumentation vorzubereiten, um den Claim möglichst so präsentieren zu können, dass der Kunde seinen eigenen Vorteil erkennt. In dieser Spalte wird der Betrag eingetragen, um den die Forderung zu reduzieren ist.

7. Spalte: Hier wird geschätzt, wie viel die Gegenseite fordern bzw. abwehren kann. Es muss erfragt werden, inwieweit man selbst an dieser Änderung beteiligt ist.

8. Spalte: Es ist zu ermitteln, was dieser Claim in seiner Durchsetzung kostet. Reisekosten, Mitarbeiter, zusätzliche Projektbeteiligte und weitere Aufwendungen können das Claimergebnis schmälern.

9. Spalte: Abschließend ist noch zu ermitteln, wie hoch die Durchsetzungswahrscheinlichkeit des einzelnen Claims ist. Dies kann anhand der beobachteten Strategie des Kunden, Erfahrungswerten mit den Kunden und der Art der Kundenbeziehung abgeschätzt werden.

10. Spalte: In der letzten Spalte ergibt sich das erwartete Claimergebnis durch die Summierung der Spalten 5, 6, 7 und 8. Die letztendliche Profitchance ergibt sich unter Berücksichtigung der Durchsetzungswahrscheinlichkeit (vgl. Abb. 17).

Nach dieser Analyse, Aufbereitung und Bewertung, wird aufgezeigt, was wirklich am Ende als Claimsumme durchzusetzen ist. Claimfälle mit einem geringen Wert und einer schlechten Durchsetzungsquote sollten, um das Kundenverhältnis nicht zu stören, nicht gestellt werden. Sie dienen jedoch für die Abwehr von Fremdclaims und können immer als Argumentation herangezogen werden.

4.2.4 PHASE 4: DURCHSEZTUNG DER CLAIMS

Die Realisierung von Claims erfolgt, nachdem die Dokumentation des Claims erarbeitet und diese bewertet wurde. Die Vorgangsweise bei der Durchsetzung eines Claims wird nun beschrieben:

4.2.4.1 ERSTELLEN DES CLAIMSCHREIBENS

Die Erstellung des Claimschreibens oder des Claimabwehrschreibens ist der formale Schritt der Durchsetzung. Der Inhalt eines sog. Claimschreibens sollte folgende Punkte enthalten (vgl. Abb. 18).

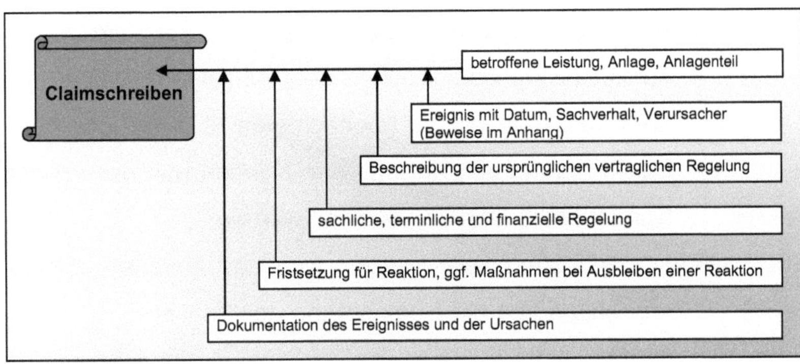

Abb. 18: Inhaltspunkte eines Claimschreibens (vgl. Böker 1998, S 103)

Zur Vereinfachung und schnelleren Abwicklung können für bestimmte Claimsituationen Musterbriefe formuliert werden. Somit müssen die einzelnen spezifischen Daten nur noch eingetragen werden, wesentliche Punkte werden so nicht vergessen.

4.2.4.2 CLAIMVERHANDLUNG

Die Claims sollten in Verhandlungssitzungen diskutiert werden. Dadurch kann ein direkter Austausch von Argumenten erfolgen, ein langwieriger Schriftwechsel entfällt. Bei einem persönlichen Gespräch mit dem Vertragspartner können Zusatzerläuterungen direkt erfolgen. Durch die Teilnahme eigener Experten findet eine fachlich fundierte Absicherung der Nachforderungen statt (vgl. Schimmel 2004, S 47).

Vor einer Claimverhandlung ist ein internes Abstimmen der Vorgangsweise und der Verhandlungsstrategie zwingend, da interne Diskussionen vor dem Verhandlungspartner unbedingt zu vermeiden sind.

4.2.4.3 ERSTELLUNG VON EINZELCLAIMS UND CLAIMPAKETEN

Die Erstellung von Claims kann auf zwei verschiedene Arten erfolgen:

⇨ Erstellung von Einzelclaims

⇨ Erstellung von Claimpaketen

Aus beiden Arten ergeben sich Vor- und Nachteile. Diese werden kurz erläutert.

Welche Art verwendet wird, hängt von der jeweiligen Situation und vom jeweiligen Claimfall ab.

Eigenclaims, die eine weitere Abwicklung des Projektauftrags in sachlicher oder terminlicher Hinsicht sicherstellen, müssen oft dringend geklärt werden. Daher ist es notwendig, diese einzeln und sofort zu stellen.

Zu Erstellung von Einzelclaims:

Vorteile der Stellung von Einzelclaims sind beispielsweise, dass die se eine relativ einfache und überschaubare Bearbeitung ermöglichen (vgl. Böker 1998, S 104). Einzelne Claims eignen sich für eine zeitnahe Claimstellung. In ihrer Beurteilung sind sie daher gut nachvollziehbar. Aufgrund der Erfahrungswerte der Reaktion eines Vertragspartners, ist es möglich, die Claimstrategie anzupassen. Zum Schluss kann gegebenenfalls die Liquidität des Claimstellers durch eine sofortige Zahlung des Vertragspartners verbessert werden. Die Realisierungsquote einzelner Claims liegt höher als die der Claimpakete (vgl. Schimmel 2004, S 47). Zusatzverhandlungen und der somit zusätzliche Aufwand stellen einen Nachteil dieser Vorgehensweise dar.

Zu Erstellung von Claimpaketen
Da Entscheidungen von Claims innerhalb eines Projektverlaufes oftmals möglichst lange hinausgezögert werden, werden Claims häufig in Pakete gesammelt (vgl. Böker 1998, S 104). Hierbei liegt der Hauptvorteil in der Zeitersparnis, da mehrere Claims im Rahmen einer einzelnen Verhandlungsrunde besprochen werden können. Zudem können verschiedene Nachforderungen der Verhandlungspartner gegeneinander aufgewogen werden (vgl. Schimmel 2004, S 48). Jedoch ergibt sich für den Verfasser der Nachteil, dass die Dokumentation, durch den zeitlichen Abstand zwischen den Ursachen für die Abweichung und der Verhandlung mit besonderem Aufwand erstellt werden muss. Des Weiteren kommt es durch die summarische Behandlung häufig zu Kompromissen, die in der Regel zu Lasten des Verfassers gehen.

4.2.4.4 ENDVERHANDLUNG OFFENER CLAIMS

Noch bevor die Abnahme der Leistung vollzogen wird, müssen alle noch offenen Claims an den Vertragspartner gestellt werden.

Bei der Claimverhandlung ist zu evaluieren, ob Folgeaufträge gefährdet werden. Die Verhandlungsstrategie ist entsprechend anzupassen. Sollten diverse Verhandlungen keine Einigung erbringen, sollten Einigungsvorschläge von unabhängigen Dritten herbeigeführt werden (vgl. Kapitel 4.2.1.3.). Ist dies weiterhin erfolglos, ist es notwendig, rechtliche Schritte einzuleiten. Bei Claims, deren Sachverhalt oder Anspruchsgrundlage nicht sauber aufbereitet wurden, ist eine Realisierung der Durchsetzung häufig nicht mehr möglich. Es ist zu empfehlen, einen „geordneten Rückzug" vorzunehmen (vgl. Schimmel 2004, S 48), Hierbei sind beispielsweise der Verzicht auf Forderungen, die Herausstellung der Akzeptanz (Schenkungseffekt) und eine Kompensation mit eigenen Lieferungen und Leistungen gemeint.
Nach Abschluss der Endverhandlungen dürfen keine offenen Claims mehr vorliegen.

4.2.5 PHASE 5: NACHBEREITUNG

Die letzte Phase der Gestaltungsempfehlung ist die Nachbereitung des Projektes. Sie findet nach dem Projektabschluss statt.
Der Projektabschluss erfolgt, wenn das Übernahmeprotokoll mit dem Kunden vollzogen wurde. Mit diesem Übernahmeprotokoll wird das Projektergebnis einschließlich Verantwortung vom Auftragnehmer an den Auftraggeber übergeben (vgl. Patzak und Rattay 2004, S 388).

4.2.5.1 ERFOLGSKONTROLLE

Nachdem alle Claimverhandlungen abgeschlossen wurden, ist eine Erfolgskontrolle des Claim Managements durchzuführen (vgl. Abb. 19).

	∑ (Summe) der durchgesetzten **Eigenclaims** zum **Kunden**
-	∑ der eingebüßten **Fremdclaims** des **Kunden**
+	∑ der durchgesetzten **Eigenclaims** zum **Lieferanten**
-	∑ der eingebüßten **Fremdclaims** zum **Lieferanten**
-	Kosten der Claimbearbeitung
=	**Ergebnis der Erfolgskontrolle (positiv oder negativ)**

Abb. 19: Erfolgskontrolle des Claim Managements (vgl. Böker 1998, S 106)

Ergibt sich nach der Erfolgskontrolle des Claimmanagements ein negativer Betrag, bedeutet dies, dass das Claim Management den Projekterfolg nicht verbessern konnte. Sollte dies eintreten, ist eine Analyse der Ursachen zu vollziehen, um verbesserte Maßnahmen für spätere Projekte zu beschließen.

4.2.5.2 „LESSONS LEARNED“ BEZOGEN AUF DAS CLAIM MANAGEMENT

Zum Projektabschluss ist eine Nachbereitung notwendig, um das erworbene Wissen bezogen auf das Claim Management sicher zu stellen.

Es sind die einzelnen Claimfälle zu analysieren und nach einheitlicher Ablage zu archivieren. In einem Treffen der Projektbeteiligten werden einzelne Fragen erörtert und analysiert. Zum Beispiel:

- War das Projekt erfolgreich oder nicht?
- Welchen Anteile hatte das Claim Management am Projekterfolg?
- Wurden die Claims schnell erkannt und durchgesetzt?
- Was wurde dabei falsch gemacht und was war richtig?
- Wie wurde mit Fremdclaims umgegangen?
- Was waren die häufigsten Claims, wie sind sie entstanden?
- Welche Erfahrungen sind für Folgeprojekte wichtig?
- Inwieweit wurden weitere Managementarten, wie beispielsweise das Konfliktmanagement, mit einbezogen?

Diese Fragen können mit einem Fragebogen gesammelt und anschließend diskutiert werden. Die Ergebnisse dienen der ständigen Prozessoptimierung für den Ablauf des Claim Managements innerhalb des Projektgeschäfts.
Eine abschließende Archivierung ist ratsam.

5 CLAIM MANAGEMENT IN DER PRAXIS

Im folgenden Kapitel wird der Einsatz des Claim Managements in der Praxis aufgezeigt. Anhand eines Projektes werden die Arbeitsweise und das Potential des Claim Managements beleuchtet. Mittels der schon vorgestellten Gestaltungsempfehlung wird die Verwendung des Claim Managements in diesem Projekt analysiert.

Im zweiten Teil dieses Kapitels wird eine Aussage über das generelle Potential des Claim Managements im Projektgeschäft getroffen. Ziel von Claim Management ist die Erhöhung der Wertschöpfung, diese setzt sich aus dem Geschäftsergebnis abzüglich der dafür eingesetzten Kapitalkosten zusammen.

5.1 CLAIM MANAGEMENT IM RAHMEN DES PROJEKTES „SCHLOSSHOTEL KAPS – KITZBÜHEL“

Um das Claim Managementpotential in Bezug auf das Projektergebnis aufzuzeigen, wurde ein Fünfsternhotel in Kitzbühel analysiert. Als Quelle dienten die Projektunterlagen des Unternehmens, bei welchem der Autor tätig ist.
Aufgrund von Vertraulichkeit wird der Bauherr als „Immobilienfonds“ bezeichnet, allfällige Namen der Subunternehmer sind ebenfalls frei erfunden. Es werden hier nur die wichtigsten Projektereignisse im

Bezug auf das Claim Management behandelt, da eine genauere Analyse aller Projektdaten den Rahmen dieses Buches weit überziehen würde.

5.1.1 PROJEKTBESCHREIBUNG

Der Auftrag umfasste die Vertretung der geschäftlichen Interessen des Bauherrn (Immobilienfonds) gegenüber dem Generalunternehmer hinsichtlich der mit dem Generalunternehmer abgeschlossenen Verträge und gleichzeitiger Kontrolle der Einhaltung der Baukosten, welche mit dem Generalunternehmer im Rahmen einer Pauschale abgeschlossen worden sind.

Nach der Verhandlungsphase im Frühjahr 2003 wurde der Generalunternehmer mit der Errichtung des Rohbaus beauftragt und war zu diesem Zeitpunkt vorgesehen, dass der Generalunternehmer im Sommer 2004 den Auftrag für den Ausbau zur schlüsselfertigen Herstellung des Hotelprojektes erhalten wird. In der folgenden Tabelle werden die Eckdaten des Hotelprojektes dargestellt (vgl. Tabelle 8).

Projektaufgabe:	- Schlüsselfertige Herstellung eines Fünfsternhotels – Umbauter Raum 100.000 m³ – Bruttogeschossfläche 27.400 m² – Baugrubenaushub 85.000 m³ - Herstellung einer Infrastruktur für unterirdische Zufahrt mit PKW und Bus bis zur Lobby, unterirdische Bogentiefgarage für 130 Stellplätze, 104 Zimmer und 46 Suiten, 3 Restaurants, Marktplatz, 3000 m² SPA mit Innen- und Außenpool, sowie 9 Saunen und Dampfbäder, Eisgrotte und Kneippbecken, Ruheräume, 16 Behandlungsräume für Bodycare und Beauty.
Projektvolumen:	€ 40 Millionen (exklusive Baugrund, Einrichtung, Außenanlagen, Honorare und anderer Nebenkosten und exklusive MWSt.)
Projektlaufzeit:	29 Monate
Ort der Projektausführung	Kitzbühel, am unmittelbaren Ende des neuen Golfplatzes des Golfclub Kitzbühel

Tabelle 8: Projektdaten

Im abgeschlossenen Vertrag mit dem Generalunternehmer wurden sämtliche Gewerke mit dem Bauherrn vereinbart. Um den Auftrag schlüsselfertig herzustellen, hatte der Generalunternehmer selbst Subunternehmer beauftragt, welche die verschiedenen Gewerke unter Kontrolle eines Projektmanagers ausgeführt haben.

5.1.2 PROBLEME BEI DER AUFTRAGSABWICKLUNG DURCH VERSCHULDEN DES BAUHERRN

Bereits bei Projektbeginn traten erhebliche Probleme bei der Auftragsabwicklung auf. Aufgrund dieser Probleme konnte der letzte Teilauftrag für die Ausführung der schlüsselfertigen Arbeiten als Generalunternehmer erst drei Monate später als geplant beauftragt werden, obwohl der Eröffnungstermin, welcher mit 15. Dezember 2005 seit Beginn anvisiert wurde, nicht nach hinten geschoben werden konnte.

Aufgrund dieser Problematik hat der Generalunternehmer im Zuge der Auftragsverhandlungen für die schlüsselfertigen Arbeiten eine Erfolgsprämie mit dem Auftragnehmer vereinbart, welche sich erheblich positiv als Leistungsprämie für den Generalunternehmer ausgewirkt hat.

Außer dem Projektverzug und einer erheblichen Erhöhung der Kosten hatte diese Bauzeitverkürzung auch Auswirkungen auf die Projektqualität und auf die Zufriedenheit der Vertragsparteien.

Die Ursachen für eine erschwerte Auftragsabwicklung, welche der Bauherr zu verantworten hatte, werden im Folgenden beschrieben (vgl. Tabelle 9). All diese Probleme waren im Projektverlauf als Claimpotentiale zu erkennen und stellten Claims an den Bauherrn dar.

Ursachen	Beschreibung
Unzureichende Planunterlagen im Außenbereich der Hotelanlage	Die Qualität der vorhandenen Planung für die Gartenanlagen, Gehwege, Feuerwehrzufahrt, Terrassenflächen sowie Sonnenliegewiese war unzureichend und zu wenig detailliert vorhanden; sie hatte allenfalls den Stand einer künstlerischen Entwurfszeichnung, daher wusste man zum Zeitpunkt der Bauausführung nichts über die Trassenführung der Regenabwasserkanäle sowie der genauen Höhe der wasserführenden Oberflächen im Freien.
Projektvorbereitung wurde vom Bauherrn nicht ausreichend geleistet	Projekte in dieser Größenordnung benötigen eine exakte Koordinierung zwischen der Planvorbereitung der planenden Konsulenten und den ausführenden Firmen von mindestens drei bis vier Monaten. Aufgrund der an sich sehr kurzen anvisierten Bauzeit und der ständigen Probleme mit der Finanzierung war dies hier nicht gegeben. Es musste alles „sofort" weiterbearbeitet werden.
Ungenügende Statik in der Hangsicherung für das Hotel	Aufgrund der unzureichenden Planunterlagen im Außenbereich der Hotelanlage wurde die Statik des Baukörpers Hotel vom Fundament bis ins 11. Obergeschoß so berechnet, als ob das Hotel nicht über vier Geschoße seitlich zugeschüttet wird; erst im Zuge der Detailplanung der Außenanlagen ergab sich, dass der gesamte nördliche Hang statisch in sich selbst tragend abgesichert werden muss und keine Seitenkräfte auf die Außenwände des Hotels geführt werden dürfen.
Ungenau spezifizierter Pauschalauftrag	Der im November 2004 abgeschlossene Pauschalauftrag für die Ausführung der schlüsselfertigen Arbeiten an den GU basiert auf Detailplänen mit Stand 31. März 2004. Daher war es nicht möglich, die Pauschale exakt zu fixieren, da man im November 2004 zu wenig Details aus den Ausführungs- und Detailplänen kannte. Diese Pläne wurden erst nach Beauftragung der schlüsselfertigen Arbeiten an den GU von den ausführenden Planern bis Ende Jänner 2005 angefertigt.
Schleppende Entscheidungen des Bauherrn hinsichtlich Materialauswahl	Im Feber 2005 wurde laut Vertrag ein Musterzimmer der Appartements gebaut und war es notwendig, dass der Bauherr gemeinsam mit dem Pächter des Hotels alle Materialien sofort freizugeben hatte. Aufgrund der unterschiedlichen Meinungen des Bauherrn sowie des Pächters konnte die Freigabe erst nach einer neuerlichen Bemusterung Ende März erfolgen.

Laufende Ausstattungsänderungen während der Bauzeit durch Hotelpächter	Durch die wöchentlich stattfindenden Sitzungen an der der Pächter des Hotels und der Innenarchitekt jeweils teilgenommen haben, wurden immer wieder Materialien, Bodenbeläge und geringfügige Raumabänderungen diskutiert bzw. geändert. Zum Beispiel wurde das komplette Restaurant in seiner Inneneinrichtung architektonisch abgeändert, zu einer „offenen Küche" umgeplant und entsprechend gebaut. Dieser Bauteil verursachte eine Bauzeitverzögerung von ca. 2 Monaten.
Nachträgliche Anordnungen seitens Bauherr oder Pächter	Die in den wöchentlichen Sitzungen stattfindenden Entscheidungen führten öfters zu nachträglichen Anordnungen und damit verbundenen Umänderungen auf der Baustelle. Zum Beispiel hat man Anfang März 2005 entschieden, in den Brausen nicht nur Kopfbrausen sondern auch Seitenduschen zu installieren. Zu diesem Zeitpunkt waren bereits bei mehr als der Hälfte aller Zimmer die Gipskartonständerwände erstellt und mussten diese nochmals geöffnet werden, damit die Rohrinstallation entsprechend abgeändert werden konnte.
Unmittelbare Anordnung seitens Bauleiter des Bauherrn	Durch die ständigen Planänderungen aus den Ergebnissen der wöchentlichen nachträglichen Änderungen mussten auf der Baustelle die verschiedensten baulichen Änderungen durchgeführt werden. Zum Beispiel ergab sich durch die Änderung der Elektroplanung aufgrund der Raumänderung im Bereich des Restaurants, dass man durch tragende Wände neue Bohrungen für die Durchführung der Elektrokabel nachträglich in bereits bestehende Betonwände durchführen musste (insgesamt mehr als 1100 Stück).
Alle Planer wurden vom Bauherrn und nicht vom GU beigebracht	Bei Projekten solcher Größenordnung werden normalerweise alle Planer vom GU beigebracht, damit die Koordinierung der Planungsleistungen in der Vorbereitungszeit besser möglich ist. Aufgrund der teilweisen schleppenden Mitwirkungspflicht der verschiedenen Planer gab es zeitlich Schwierigkeiten bei den Auftragsfreigaben der einzelnen Gewerke. Weiters behinderten Auflagen der Gewerbebehörde aufgrund fehlender Planunterlagen den zeitlichen Ablauf der Bauausführung. Zum Beispiel musste man die Feuerwehrzufahrt wegen dem bevorstehenden Winter bis Oktober 2004 baulich fertig gestellt haben und hiefür lagen keine behördlichen Genehmigungen vor.

Tabelle 9: Auftretende Probleme bei der Auftragsabwicklung

Aufgrund der zuvor aufgezeigten Probleme beim Projekt Schlosshotel Kaps in Kitzbühel war der Einsatz von Claim Management für den Bauherrn unverzichtbar. Der verlaufende Baufortschritt musste äußerst zügig durchgeführt werden, damit der anvisierte und vertraglich vereinbarte Eröffnungstermin mit 15. Dezember 2005 eingehalten werden konnte. Andererseits war aufgrund der fehlenden Entscheidungen seitens des Bauherrn oft die Notwendigkeit gegeben, den einen oder anderen Bauteil zeitlich bautechnisch nicht mehr fortzuführen, bis eben die Entscheidung des Bauherrn hinsichtlich z.B. Materialauswahl gefällt wurde. Durch diese logistischen Probleme kamen die Subunternehmer des Generalunternehmers mit der Auftragsabwicklung zeitlich in Verzug und traten dadurch Nachforderungen ihrerseits bzw. Vertragsstrafen (Pönalen) durch den Generalunternehmer auf.

5.1.3 ANALYSE DER VORGEHENSWEISE ZUM CLAIM MANAGEMENT

Im Folgenden wird das Projekt Schlosshotel Kaps in Kitzbühel in Bezug auf die Vorgehensweise zum Claim Management (vgl. Kapitel 4) vorgestellten Gestaltungsempfehlungen analysiert. Abbildung 20 veranschaulicht den Projektverlauf anhand von Soll- und Ist-Terminen und den einzelnen Projektereignissen.

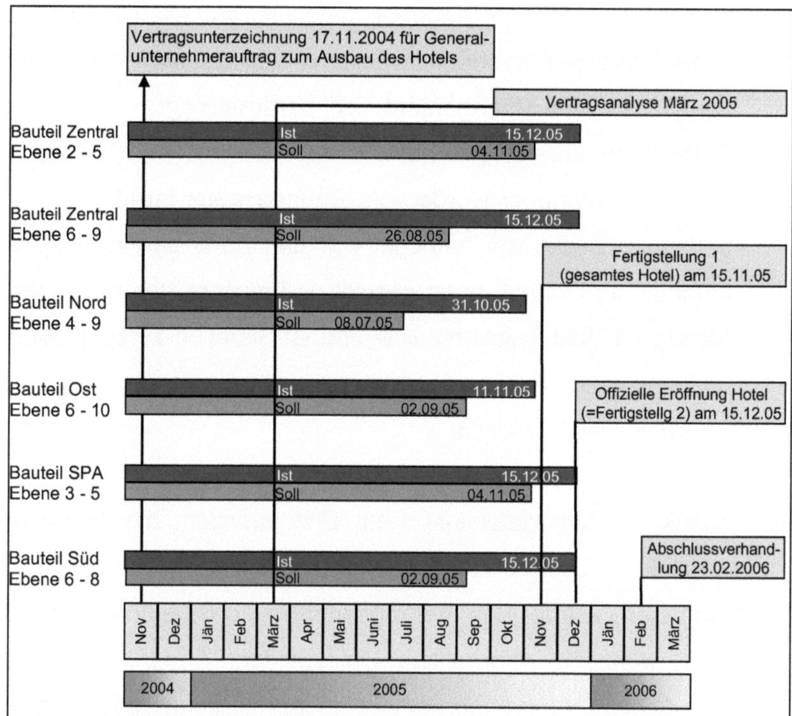

Abb. 20: Projektverlauf Schlosshotel Kaps - Kitzbühel

In der Abbildung 20 lassen sich die Terminverzüge sehr gut erkennen. Die Vertragsanalyse und das damit eingebundene Claim Management wurden erst vier Monate nach Beauftragung an den Generalunternehmer für die Erstellung des schlüsselfertigen Objektes durchgeführt.

5.1.3.1 UNTERLASSENE SCHRITTE DES CLAIM MANAGEMENTS IM SCHLOSSHOTEL KAPS – KITZBÜHEL

Es wurde kein vorbeugendes Claim Management betrieben, es wurden keine Aktivitäten für ein effektives Claim Management eingeleitet.

⇨ fehlende präventive Maßnahmen:

Der Pauschalauftrag zwischen Bauherr und Generalunternehmer wurde seitens des Bauherrn nicht auf Claimpotentiale hin überprüft. Bei der Angebotserstellung und Vertragsgestaltungsphase wurde ebenfalls seitens des Bauherrn das vorbeugende Claim Management nicht berücksichtigt.

⇨ Projekteröffnungsgespräche:
Der Claim Manager wurde vom Bauherrn erst im März 2005 benannt. Zu diesem Zeitpunkt war das Hotel bereits seit 10 Monaten im Rohbau fertig gestellt und musste sich der Claim Manager selbst zwischen Soll- und Ist-Situation zurechtfinden und eine Claimstrategie erarbeiten.

⇨ Vertrags-, Risikoanalyse:
Nach der Vertragsunterzeichnung fand keine Analyse auf mögliche Claim-potentiale statt. Erst nachdem die schon in Kapitel 5.1.2. beschriebenen Probleme die Projektziele gefährdeten, wurde eine Vertragsanalyse durchgeführt. Um jedoch frühzeitig vertragliche Unklarheiten, Änderungen und Mehrkostenforderungen kommunizieren zu können, hätte diese Analyse schon zu Projektbeginn erfolgen müssen.

5.1.3.2 VERTRAGSANALYSE DES PROJEKTES SCHLOSSHOTEL KAPS – KITZBÜHEL

Wie schon erwähnt, wurde das aktive Claim Management erst im März 2005, fünf Monate nach Beauftragung seitens des Bauherrn hinsichtlich der schlüsselfertigen Erstellung des Hotels an den Generalunternehmer gestartet. Ein Claim Manager wurde als eigenständige Stelle innerhalb der Projektorganisation ernannt (siehe Kapitel 4.2.1.). Die vom Claim Manager des Generalunternehmers angewandte offensive Claim Management Methode ergab eine Unmenge von herausgearbeiteten Claimpotentialen.
Die nachstehende Tabelle zeigt die wichtigsten Claimpotentiale in Bezug auf die vertragliche Vereinbarung (vgl. Tabelle 10).

Vertragsstelle	Claimpotential
Vgl. § 3, Abs. 1d – S 5	z.B.: Hangsicherung außerhalb der Abgrenzungspläne

Umfang und Beschreibung der Leistung
„1. Die vom GU erbrachten bzw. in Hinkunft zu erbringenden Leistungen ergeben sich aus:
(...) d) der Bau- und Ausstattungsbeschreibung, den Vertragsplänen (Stand 31.03.2004, Beilage1), den Abgrenzungsplänen (Beilage 1, Ordner 9a, 9b), den Oberflächendefinitionen (Beilage 1, Ordner 3a, b, c) und den ergänzenden Festlegungen (Beilage 1, Ordner 2b). Die Vertragspläne Architekt weisen den Planungsstand 31. März 2004 auf.
Fenster, Fenstertüren, Türen allgemeine Bereiche, Wandausführung Zimmer, Deckenausführung Zimmer, Bodenausführung Zimmer, Dachdeckung, Sichtdachstühle, Schwarzdecker, Musterzimmer, (...) weisen den Planungsstand laut Ordnern 3a bis 3c; Haustechnik weist den Planungsstand laut Ordner 4a bis 4h; Elektroanlagen weisen den Planungsstand gemäß Ordner 5a bis 5f; Brandschutz- und Schallschutz weisen den Planungsstand laut Ordner 6 und 7 auf.
Die vom Auftraggeber dem GU zu übergebenden Ausführungs- und Detailpläne gemäß folgendem Absatz 2 müssen so gestaltet und ausgeführt sein, dass sich ein einheitlicher Planungsstand ergibt. (Derzeit weisen die Vertragspläne für die einzelnen Bereiche noch einen unterschiedlichen Planungsstand auf)"

Vertragsstelle	Claimpotential
Vgl. § 4 Abwicklung, Abs. 2a - S 8 im Zusammenhang mit § 3, Abs. 1 – S 5 (genaue Leistungsbeschreibungen hinsichtlich Materialien)	Erst nach Fixierung bzw. Auswahl der Materialien – nach der Erstellung des Musterzimmers – wird der genaue Preis bekannt sein.

„Bemusterung/Bemusterungsmehrpreis/Bemusterungsminderpreis:
Die Bemusterung wird der Auftraggeber bis 30.11.2004 (SPA 15.12.2004) gemäß § 3, Abs. 2 durchführen. Dazu wird festgestellt, dass die vom GU verwendeten Materialien für die in Beilage 3 (MPL-NEKP) bezeichneten Materialien der Ausstattung nur durch Preise definiert sind. Diese Preise wurden vom Auftragnehmer und Auftraggeber veranschlagt, da erwartet wird, dass diese Preise angemessene Preise für jene Materialien sind, die der Auftraggeber im Rahmen der Bemusterung vorgeben wird. Das Preisrisiko für die Materialien ist jedoch gemäß Nachstehendem vom Auftraggeber zu tragen.
Der GU wird die Professionistenleistungen unter Zugrundelegung der vom Auftraggeber bemusterten Materialien ausschreiben und die ihm geeignet erscheinenden Professionisten zur Anbotsstellung einladen. Nach Vorliegen der Ausschreibungsergebnisse wird der GU unter Offenlegung der eingeholten Subunternehmerangebote mitteilen, welcher Mehrpreis (Anteil Material des Einheitspreises) gegenüber den in Beilage 3 festgelegten Preisen für die vom Auftraggeber gewünschten Materialien in den Bestbieterangebot anfällt. Der Auftraggeber hat innerhalb von 14 Tagen ab Mitteilung durch den GU zu entscheiden, ob er auf die Verwendung der bemusterten Materialien besteht oder den vom GU unterbreiteten Vorschlag annimmt. Ergibt sich aufgrund der Entscheidung des Auftraggebers, dass die in Beilage 3 bezeichneten Preise überschritten werden, hat der Auftraggeber der GU den Mehrpreis zuzüglich 10 % Generalunternehmerzuschlag zu ersetzen."

<table>
<tr><td>Vgl. § 4 Abwicklung, Abs. 2 bb - S 11</td><td>Sämtlicher Mehr- oder Minderaufwand, welcher sich durch die Planzusammenführung nach dem erteilten Pauschalvertrag ergibt, darf vom Generalunternehmer an den Bauherrn verrechnet werden.</td></tr>
<tr><td colspan="2">„Die vom Auftraggeber an den Generalunternehmer zu übergebende Ausführungs- und Detailplanung, für die im Rahmen des Pauschalpreises vom Generalunternehmer zu erbringenden Leistungen müssen der Bau- und Ausstattungsbeschreibung, den zusammengeführten Vertragsplänen (Stand 31.03.2004, siehe § 3, Abs. 1, lit d), den Abgrenzungsplänen (Beilage 1, Ordner 9a, 9b), den Oberflächendefinitionen (Beilage 1, Ordner 3a, b, c) und den ergänzenden Festlegungen (Beilage 1, Ordner 2b) entsprechen.
Die gemäß § 3, Abs. 2 vom AG zu übergebende Detailplanung muss so erstellt sein, dass die Vertragspläne auf einen einheitlichen Planungsstand zusammengeführt werden. (...) Da die Vertragspläne für die einzelnen, sachlichen Bereiche (z.B. Architekt, Elektroanlage, Haustechnik, etc.) auf einen unterschiedlichen Planungsstand aufbauen, kann und wird es dazu kommen, dass die Ausführungs- und Detailpläne in den einzelnen sachlichen Bereichen von den für die einzelnen Bereiche gültigen Vertragsplänen abweichen. Der Pauschalpreis wurde auf Grundlage der für die einzelnen sachlichen Bereiche relevanten Vertragspläne (also auf unterschiedlichem Planungsstand) kalkuliert; der Pauschalpreis soll sich daher erhöhen oder vermindern, wenn sich infolge der Planzusammenführung in den einzelnen sachlichen Bereichen – gegenüber den Vertragsplänen – Mehr- oder Minderaufwand ergibt. Der Generalunternehmer wird die Ausführungs- und Detailpläne überprüfen und – bei sonstigen Verfall des Anspruches – vor Ausführung des einzelnen sachlichen Bereiches in Form eines Nachtragsangebotes mitteilen, welche Mehrkosten deswegen anfallen, weil infolge Zusammenführung der Vertragspläne von der den sachlichen Bereich betreffenden Vertragsplanung abgewichen wurde oder weil die Ausführungs- und Detailplanung vom Grundsatz der konsequenten Konkretisierung abweicht.“</td></tr>
<tr><td>Vgl. § 4 Abs. 2, bb - S 12</td><td>Durch diesen Punkt war für die ausführenden Firmen klargestellt, dass spätestens Mitte Januar 2005 sämtliche Detailpläne vorliegen müssen und somit hinsichtlich des Bauzeitablaufes keine Bauzeitverzögerung entstehen kann.</td></tr>
<tr><td colspan="2">„Analoges gilt, wenn der Auftraggeber der Auffassung ist, dass die Ausführungs- und Detailpläne von der, den sachlichen Bereich betreffenden Vertragsplanung abweichen und deswegen für den Generalunternehmer Minderkosten entstehen; der AG hat in diesem Fall – bei sonstigem Verfall des Anspruches – vor Ausführung der Leistung gemäß der Detail- und Ausführungspläne bis zum 15. Januar 2005 bekannt zu geben, dass nach seiner Meinung Minderkosten entstehen“.</td></tr>
<tr><td>Vgl. § 5 Abs. 1, Bauzeit - S 15</td><td>Mit diesen Punkt war eine Leistungsprämie für die Fertigstellung 1 mit 15.11.2005 bereits mit Vertragsunterzeichnung im November 2004 vereinbart worden.</td></tr>
<tr><td colspan="2">„1.Die Bauzeit für die Fertigstellung 1 (...) beträgt 17 ½ Monate ab Einlangen dieses – vom Auftraggeber gefertigten –Vertrages beim Generalunternehmer (...), frühestens jedoch ab 15.11.2004“.
„3.Unterschreitet der Generalunternehmer die vereinbarte – (...) - Bauzeit für Fertigstellung 1, so steht dem GU eine Prämie von € 3.500,-- je Kalendertag zu.“</td></tr>
</table>

Vgl. § 5 Abs. 4, Bauzeit - S 16	Sämtliche Behinderungen welche vom Bauherrn zu vertreten sind, dürfen vom Generalunternehmer verrechnet werden.
„Behinderungen, die vom Auftraggeber zu vertreten sind, wie z.B. nicht rechtzeitige Bemusterungen – Übergabe der vereinbarten Ausführungs- und Detailpläne, oder behördliche Baueinstellungen wegen fehlender behördlicher Bewilligungen bewirken eine Bauzeitverlängerung und gewähren Anspruch auf Ersatz der mit der Bauzeitverlängerung verbundenen Mehrkosten“	
Vgl. § 6 Abs. 2, Bauzeit - S 16 mit Vgl. § 12, Abs. 5, S 25:	Hinsichtlich zusätzlicher Leistungen ist der Generalunternehmer berechtigt, diese mittels Nachtragsangebot einzufordern und ist der Bauherr verpflichtet, diese Nachtragsangebote unmittelbar freizugeben, ansonsten diese vom GU nicht ausgeführt werden müssen.
„Der Pauschalpreis versteht sich für die gemäß § 3, Abs. 1 definierten Leistungen, Mengenmehrungen und –minderungen im Rahmen der durch § 3, Abs. 1 beschriebenen Leistungen gehen zu Lasten/zu Gunsten des GU. Mengenmehrungen infolge angeordneter Änderung der im § 3, Abs. 1 beschriebenen Leistungen sind gemäß § 12, Abs. 5 abzugelten.“ Vgl. § 12, Abs. 5, Seite 25: „Ergibt sich, dass gegenüber den gemäß § 3, Abs. 1 beschriebene Leistungen geändert oder zusätzliche Leistungen vom GU auszuführen sind, so wird der GU dem Auftraggeber mittels Nachtragsangebot mitteilen, dass damit Mehrkosten verbunden sind. Der GU hat die zusätzlichen oder geänderten Leistungen nur auszuführen, wenn diese vom Auftraggeber oder seinen Bevollmächtigten angeordnet werden. In diesem Fall gebührt dem GU dafür zusätzlich zu dem Entgelt gemäß § 6 das angemessene Entgelt für die geänderte/zusätzliche Leistung. Zusätzliche Leistung liegt auch vor, wenn infolge von noch nicht ausgeführten Kanalarbeiten (Außenanlagen) Provisorien für die Wasserableitung geschaffen werden müssen.“	
Vgl. § 8 Abs. 1, Bauzeit - S 20	Mit diesem Punkt wurde zeitlich genau fixiert, ab wann die Möbelbaufirmen und andere Einrichtungsfirmen in das Gebäude dürfen und somit eine klare zeitliche Abgrenzung hinsichtlich der auf der Baustelle entstehenden Bauschäden vereinbart.
„Zur Terminfertigstellung 1 hat der GU seine Leistungen so weit fertig zu stellen, dass der Auftraggeber mit den Einrichtungsarbeiten beginnen kann. Zu diesem Zeitpunkt müssen die Bodenbeläge und die sonstigen haustechnischen Einrichtungen soweit hergestellt sein, dass durch den Auftraggeber die Einrichtungsarbeiten und der Anschluss der Geräte ohne Behinderung durchgeführt werden können. Der GU sagt zu, funktional und räumlich abgeschlossene Bereiche des Hotelprojektes bereits vor Ablauf der für Fertigstellung 1 festgesetzten Bauzeit dem Auftraggeber zur Durchführung der Einrichtungsarbeiten zu übergeben, sobald für diese Bereiche der Zustand Fertigstellung 1 erreicht ist. Der GU wird sich bemühen, möglichst viele Bereiche vor Ablauf der Bauzeit Fertigstellung 1 vorzeitig an den Auftraggeber zu übergeben. Für die Gebäudereinigung gilt die Regelung gemäß Pkt. 3.12. der Bau- und Ausstattungsbeschreibung, Beilage 1	

Tabelle 10: Auszüge aus dem Vertrag zur Ermittlung der Claimpotentiale

Nach der Vertragsprüfung wurden alle Claimpotentiale und Change Orders vom Generalunternehmer herausgearbeitet, um den Sachverhalt zu dokumentieren und die Anspruchsgrundlage für die Claimstellung vorzubereiten (siehe Kapitel 2.2.6.2).

5.1.3.3 WEITERES VORGEHEN IM CLAIM MANAGEMENT

Aufgrund von Leistungsabweichungen und Terminverzug musste mit Vertragsstrafen seitens des Bauherrn und seitens des Generalunternehmers gerechnet werden. Wegen der Kostenüberschreitungen der ausführenden Subunternehmer hatte der Generalunternehmer ebenfalls mit Fremdclaims zu rechnen. Diese mussten an den Bauherrn, soweit rechtlich möglich, durchgereicht werden.
Durch die offensive Haltung des Bauherrnvertreters war jedoch die Claimdurchsetzung erschwert.

Weitere Probleme, die den Projektablauf erschwerten, waren folgende:

⇨ Im Umgang mit dem Generalunternehmer fehlte bis zur Einsetzung eines Claim Managers seitens des Bauherrn bis zum März 2005 eine klare Strategie.

⇨ Generalunternehmerrechnungen wurden vom Bauherrn nur schleppend beglichen und grundsätzlich hinterfragt. Der Bauherr versuchte durch seine offensive Haltung Zeit zu gewinnen.

⇨ Einzelne Claimfälle wurden hinausgezögert und es wurde jeder Claimfall in Frage gestellt. Der vom Bauherrn eingesetzte Claim Manager hatte verschiedene Mehrkostenforderungen im Herbst 2004 untersucht und fast zur Gänze erfolgreich ablehnen können.

- ⇨ Der Informationsfluss seitens des Generalunternehmers war durch die fehlende Strategie bzw. Kommunikation mit dem Bauherrn nicht ausreichend und Ansprechpartner auf Seiten des Bauherrn waren teilweise bewusst nicht zu erreichen.
- ⇨ In vielen Fällen wurden Entscheidungen nicht durchgesetzt. Die Ursachen waren unklare interne Zielvorstellungen seitens des Generalunternehmers und der vom Bauherrn ausgeübte Zeitdruck.
- ⇨ Verschiedene Problemfälle wurden vom Bauherrn geschickt in Verbindung gebracht, obwohl sie gar nichts miteinander zu tun hatten.
- ⇨ Zu viele Fachplaner hatten Kontakt zum Bauherrn und zum zukünftigen Pächter des Hotels. Diese kontaktierten immer verschiedene Mitarbeiter des Generalunternehmers. Es bestand ein erhöhter Kommunikationsbedarf bzw. –aufwand.
- ⇨ Durch den verspäteten Einsatz des Claim Managements auf der einen und negativer Projektereignisse auf der anderen Seite, konnten nur in einer anschließenden Claimverhandlung alle offenen Claims in einem wöchentlich durchgeführten Meeting mit dem eingesetzten Claim Manager seitens des Bauherrn verhandelt werden. Die Fremdclaims der ausführenden Firmen mussten vom Claim Manager des Generalunternehmers getrennt mit den ausführenden Firmen verhandelt werden.

5.1.4 FREMDCLAIMS DER SUBUNTERNEHMER

Die nachfolgende Tabelle veranschaulicht die Fremdclaims von Sublieferanten an den Generalunternehmer, welche hier nur die Nachtragsforderungen aus dem Bereich Elektroarbeiten als Beispiel aufzeigen.

Generalunternehmen

HAUSTECHNIK - NACHTRAGSFORDERUNGEN

ELEKTROINSTALLATION 07.02.06

Pos	Pos	Leistung			Freigabe GU an Elektriker		
HKLS			eingereicht	eingereichte	Leistung wird bezahlt von		erledigt von
NA				Summe	Auftraggeber	GU	
Z05B	C 09	Clubhaus	15.03.05	2.917,43	**direkt**		Verrechnung direkt an AG
Z04	C 81	Erweiterung Wäscherei	12.08.05		**1.881,58**		beauftragt
S 01	C 82	Baustromverteilung	12.08.05		**7.757,30**		beauftragt
S01	E31.08	Beleuchtung			**2.165,00**		OK Garber 18.01.05
S01	C56	Austrocknung Estrich Clubhaus			**3.022,19**		OK Garber
S03	D 28	Mehrkosten Umplanungen	09.08.05		**5.700,00**		OK Garber 14.12.05
S 02	D 53	Mehrkosten Auslassänderungen	10.11.05		**61.145,21**		OK Garber 01.12.05
Z 13A	D 37	Heizkörper Sonderzi Schreibtisch			**1.818,39**		OK Garber 07.02.06
Z 24	AG	Seebelebung	26.09.05	entfällt	**direkt**		Verrechnung direkt an AG
Z 25	D 45	Zusätzliche Alarmkontakte	14.09.05		**1.472,52**		OK Garber
Z 26	AG	Außenverkabelung	14.09.05		**direkt**		Verrechnung direkt an AG
Z 27	AG	Leuchten Clubhaus	14.09.05		**direkt**		Verrechnung direkt an AG
Z 06		Installationsänderung Zimmer 6-34	01.03.05		**entfällt**		30.01.06 entfällt
Z12	intern	Dachrinnenheizung Atrium	30.06.05		**intern VA**		INTERN mit HKLS
Z 16B	D 24	Bodendosen Fitness (ersetzt Z15)	14.11.05		**9.611,35**		OK Garber/Elektriker
Z 17B	C114	Liegen SPA Kopfhörer	29.09.05		**8.707,86**		OK Garber/Elektriker
?		Div. Verkabelungen	18.08.05		**entfällt**		entfällt
Z 19	C84	Verkabelung offener Kamin E05	18.08.05		**593,79**		OK Garber 11.10.05
Z 21	intern	Verkabelung Rauchvorhang	24.08.05				wird Re Firma X abgezogen
Z 23	C117	Umverkabelung wegen Decke	24.08.05	3.983,00	**0,00**	**?**	zw. Elektriker und GU klären
Z 29		Rauchvorhang E06 Zentral	14.09.05				Firma X abgezogen, s. Z21
Z 30	C113	Kernbohrungen an AG	04.10.05	1.351,40			26.01.06
		Kernbohrungen intern BM		2.371,62		**?**	zw. Elektriker + GU klären
Z 32	AG	Außenbeleuchtung	04.10.05	entfällt			Verrechnung direkt an AG
Z 34	AG	Verkabelung Saunen	24.10.05				Verrechnung direkt an AG
Z 36	C106	MP3 Einspielung	02.11.05		**3.069,47**		OK Garber / Elektriker
Z 37	C106	Liftprovisorien für Umzug AG	02.11.05		**531,60**		OK Garber 01.12.05
Z 38	C106	Provisorium Lifte allg. NSHV	02.11.05		**1.333,50**		OK Garber 01.12.05
Z 39	intern	Bauschäden allgemein	02.11.05	5.276,00			Bauschadenbel. intern
Z 40	C106	Mehraufwand Gänge	02.11.05		**2.355,00**		OK Garber 01.12.05
Z 41	C106	Versetzen Bodendosen J1	02.11.05		**490,00**		OK Garber 01.12.05
Z 42	AG	Verkabelung Außenterrassen	02.11.05	entfällt			Verrechnung direkt an AG
Z 43	C110	Bodenheizung elektr. Sauna	02.11.05		**1.000,00**		OK Garber / Elektriker
Z 44	C106	Änderungen Pläne SPA laufend	02.11.05		**2.340,00**		OK Garber / Elektriker
Z 45	C106	Kühlgeräte NSHV und SS Raum	02.11.05		**937,55**		OK Garber 01.12.05
Z 46	C107	Verkabelung Schwimmbadabd.	02.11.05		**2.400,18**		OK Garber / Elektriker
Z 47	E31.08	Zusätzliche Leistungsdimmer	02.11.05		**11.021,00**		OK Garber / Budget Pos
Z 48	entfällt	Hebeanlage E02	03.11.05				entfällt, Elektriker intern
Z 49	AG	Verkabelung Sonnenterrasse	03.11.05	entfällt			Verrechnung direkt an AG
Z 50	C107	Umverkabelung Tang E03	03.11.05		**3.432,50**		OK Garber 01.12.05
Z 51	C107	Lichtschiene Skiverleih	03.11.05		**2.193,56**		OK Garber / Elektriker
Z 52	entfällt	Zus. Brandmelder Küche	03.11.05	entfällt			entfällt
Z 53	C107	Mehraufwand Leuchten Gang Club.	03.11.05			**720,27**	OK 26.01.06
Z 54A	intern	Umverkabelung TG	15.11.05	2.660,40		**2.660,40**	14.12.05. intern ?
Z 55	C107	Umverkabelung Büro E05	03.11.05		**845,00**		OK Garber / Elektriker
Z 56	entfällt	Erweiterung Pantryküche	03.11.05	entfällt			entfällt
Z 57	intern	Baubeleuchtung erneuern	03.11.05			**560,70**	OK 26.01.06
Z 58	C107	Bodenstrahler SPA Rückbau	03.11.05		**500,00**		OK Garber / siehe Z41
Z 59	direkt	Außenverkabelung Verteiler	03.11.05				Verrechnung direkt an AG
Z 60	intern	Einbau Schloss in Verteiler	03.11.05				OK 26.01.06 Tischler
Z 61	E31.08	Mehraufwand Leuchte IP44	08.11.05	875,00			zw. Elektriker + GU klären
Z 62	intern	Decke Vorfahrt	08.11.05			**4.922,00**	OK 26.01.06
Z 63	C107	Uminstallation SPA	08.11.05		**988,17**		OK 26.01.06
Z 64	AG	Außenverkabelung Brücke Eing.	08.11.05				Verrechnung direkt an AG
Z 65	E31.01	Bühnentechnik			**39.506,47**		OK Garber / Elektriker
Z 66	C115	Brandschutzklappen für Notstrom	15.11.05	5.974,31	**intern**		zw. Elektriker + GU klären
Z 67	C113	Zus. Schiebetüren im Küchenb.	15.11.05	3.841,39			offen, lt. Garber
Z 68	intern	Feuerwehrkasten				**863,00**	entfällt / Fax Beauftragung ?

Z 69	intern	Nachverk. Zimmerleuchten	17.11.05				OK 2 6.01.06 Bauschaden
Z 70	AG	Brunnen Vorfahrt					Verrechnung direkt an AG
Z 71	AG	Außenbeleuchtung Nord	17.11.05				Verrechnung direkt an AG
Z 73	C110	Blindabdeckungen Zimmer			**1.350,00**		OK Garber / Elektriker
Z 74	C111	Verdunkelung Seminar	23.11.05		**1.087,28**		14.12.05 OK Garber
Z 75	C111	Verkabelung Sonnenschutz			**1.782,22**		07.02.06 OK Garber
Z 76	AG	Verkabelung Wasserzähler					Verrechnung direkt an AG
Z 77	C113	Jalousie SPA			**982,74**		07.02.06 OK Garber
Z 78	E31.05	Müllpresse			**495,60**		OK Garber 14.12.05
Z 79	C113	Gewindestangen Luster			**1.405,40**		OK Garber 14.12.05
Z 80	C113	Heizung Dachspitz		2.110,63		?	zw. Elektriker + GU klären
Z 81	intern	Abdichten Außenleuchten					14.12.05 intern Bauschaden
Z 82	intern	Versetzen Rolltor Garage		433,13		?	zw. Elektriker + GU klären
Z 83	AG	Montage AROSA Schild					Verrechnung direkt an AG
Z 84	C114	Brandschotte Sonderschotte		45.000,00			Stellungn. E-Planer/Architekt
Z 85	AG	Überstunden Beleuchtung					Verrechnung direkt an AG
Z 86	C116	Erweiterung Skiverleih	21.12.05		**792,66**		OK Garber Architekt Nach-weis
Z 87	C114	Schminkspiegel Anschluss	21.12.05		**1.034,28**		OK Garber 26.01.06
Z 88	C114	Decke Müllräume / Install. Ände-rung	21.12.05		**442,79**		OK Garber 26.01.06
Z 89	C114	Zusätze SPA	21.12.05	4.447,41			prüft Architekt
Z 90	C114	Bodendosen Atrium 2 St nachträg-lich	21.12.05		**525,92**		OK Garber 31.01.06
Z 91	direkt	Steinbadofen Sauna	21.12.05		**direkt**		direkt an AG / 21.12.05
Z 92	C114	Kartenleser zusätzliche Verkabe-lung	21.12.05		**1.485,60**		OK Garber 31.01.06
Z 93	C114	Friseur	21.12.05	1.158,96	?		OK Garber / Architekt ?
Z 94	C114	SPA Allgemein	21.12.05	2.210,95			07.02.06 prüft Architekt
Z 95	direkt	Saunaleuchten	21.12.05		**Direkt**		direkt an AG / 21.12.05
Z 99	D60	TV Anschluss Jugend	07.02.06	250,96			
Z100	D56	Dachrinnenheizung Vertikal	07.02.06	2.759,48			
				87.622,07	**188.203,68**	**9.726,37**	
Gesamtsumme ohne Nachlass, ohne USt					**197.930,05**		

Tabelle 11: Gegenüberstellung der geforderten und tatsächlichen Fremdclaims am Beispiel der Elektroarbeiten des Subunternehmers Elektriker

Aus der vorangegangenen Auflistung (vgl. Tabelle 11) wird die Höhe der Fremdclaims vom Subunternehmer Elektriker ersichtlich. Der Differenzbetrag wurde in Claimverhandlungen mit dem Subunternehmer verhandelt.

Es wurden von Seiten der Subunternehmer meist zu hohe Claims gestellt, teilweise zu viele Stunden verrechnet, Vergütungen für Standzeiten gefordert, welche jedoch laut Vertrag nicht zu vergüten waren. Die Claimforderungen wurden zum Teil mit Gegenclaims, zum Teil argumentativ abgewehrt. Es konnte mit jedem Subunternehmer eine Einigung, ohne Einsatz eines Schiedsmanns, getroffen werden.

5.1.5 EIGENCLAIMS AN DEN BAUHERRN

Aufgrund der Fremdclaims der Subunternehmer und der aufgezeigten Abwicklungsschwierigkeiten wurden Eigenclaims an den Bauherrn gestellt. Die ausführenden Firmen, welche für den Generalunternehmer die Arbeit vor Ort ausrichteten, unterstützten den Claim Manager des Generalunternehmers bei der Aufbereitung und Durchsetzung der Eigenclaims. Die einzelnen Claims der Subunternehmer wurden überprüft, wenn möglich an den Bauherrn weitergeleitet. Die nachfolgende Tabelle veranschaulicht die Eigenclaims an den Bauherrn, welche hier nur die Nachtragsforderungen aus dem Bereich „D-Unmittelbare Anordnungen" als Beispiel aufzeigen (vgl. Tabelle 12).

					A	Planzusammenführung		
					B	Ausstattungsänderungen		
					C	Nachträgliche Anordnungen		
					D	**Unmittelbare Anordnungen**		
						Stand:	**22.02.06**	
MKF	*Ebene*	*Bauteil*	*Datum*	*Leistung*	*Gewerk*			
Nr.			**Ein-Reichung am**		Pkt	**Claims v GU Eingereicht z. Prüfung**	**Anerkannte Claims d. Bauherrnvertr.**	erl. von
D01			**10.03.05**	Liftunterfahrt	BM/GU	**11.725,43**	**6.554,06**	abgestimmt Garber/CM v GU
D02				Änderung Anschlüsse DG		**0,00**	**0,00**	NICHT ANERKANNT
D03				Schlitze schließen			**0,00**	in D11 enthalten
D04	E4/5/8	Zimmer	**28.02.05**	E-Schlitze	GU/HA	**3.027,98**	**0,00**	mit Re 07.12.05 GS
D05	01	Clubh.	**10.03.05**	Holz- statt Metalltüren	GU/HA	**21.054,31**	**5.935,95**	abgestimmt Garber/ CM v GU
D05								ÜBERZAHLG ZU RE 53.033
D06		Hotel	**23.02.05**	Deckenuntersicht		**0,00**	**0,00**	entfällt 51.E 27.06.05
D07	E7		**24.02.05**	Türöffnung schließen		**164,72**	**0,00**	abgestimmt Garber/ CM v GU
D08	E8		**10.03.05**	Kniestockänderung	BM/GU	**0,00**	**0,00**	NICHT ANERKANNT
D09	E04	Hotel	**24.03.05**	Nachtr. Änderung GK-Wände	BM/GU	**0,00**	**0,00**	Regierechnung Bauleiter BH
D10	E03/05	Hotel	**26.07.05**	Pantry/Bar Marktpl./Frontc.	HKLS	**8.778,00**	**5.610,00**	abgestimmt Garber/ CM v GU
D11		Hotel	**20.04.05**	E-Uminstallation Betoneinl.	HT	**117.544,90**	**17.196,80**	abgestimmt Garber/ CM v GU
D12		Hotel	**26.04.05**	Deckenabsenkung Bad	BM/GU	**0,00**	**0,00**	abgelehnt in PAU enthalten
D13		Clubh.	**11.05.05**	Küche Auftritte aufdoppeln	GU	**1.048,87**	**1.048,87**	abgestimmt Garber/ CM v GU
MKF	*Ebene*	*Bauteil*	*Datum*	*Leistung*	*Gewerk*			
D16		Clubh.	**13.06.05**	Änderung Pizzaöfen	HT	**0,00**	**0,00**	nicht ausgeführt
D17	E02	Hotel	**22.06.05**	Sturzerhöhung für Einbring.	GU	**3.147,41**	**700,00**	abgestimmt Garber/ CM v GU
D18		Hotel	**30.06.05**	Schalldämmung Stiegenhaus		**12.920,97**	**0,00**	abgelehnt in PAU enthalten
D19				Kernbohrungen		**38.423,00**	**9.524,44**	abgestimmt Garber/ CM v GU
D20	E03	Hotel	**14.07.05**	Zus. Kabel für Lampenschalt.	Elektro	**3.850,00**	**0,00**	in Z50 enthalten
D21		TG	**26.07.05**	Reinigung der Drainageltg.	HKLS	**495,00**	**495,00**	abgestimmt Garber/ CM v GU
D22		Hotel	**04.08.05**	GK-Aufdoppelung Bad	GU	**9.768,89**	**4.252,62**	abgestimmt Garber/CM v GU
D23		Hotel	**09.08.05**	Fototapete Zimmer	GU	**14.550,00**	**14.550,00**	abgestimmt Garber/CM v GU
D24	E04	SPA	**18.08.05**	Bodendosen Fitness	Elektro	**15.096,51**	**10.572,49**	abgestimmt Garber/CM v GU
D25		Hotel	**22.08.05**	Deckenspiegel	HKLS	**2.750,00**	**1.980,00**	abgestimmt Garber/CM v GU
D26	E05	Hotel	**23.08.05**	Abbruch Trennwand Atrium	BM/GU	**1.367,96**	**550,00**	abgestimmt Garber/CM v GU
D27	E06	Hotel	**01.09.05**	Abgehängte Decke	GU	**860,92**	**0,00**	abgelehnt, intern Elektriker verr
D28		Hotel	**06.09.05**	Mehrkosten Umplanungen	Elektro	**6.271,10**	**5.700,00**	abgestimmt Garber/CM v GU

Nr.			Ein-Reichung am		Pkt	Claims v GU eingereicht z. Prüfung	Anerkannte Claims d. Bau-herrnvertr.	erl. von
D29			14.09.05	Änderung Baustelleneinfahrt		2.483,23	1.241,62	abgestimmt Garber/CM v GU
D30			14.09.05	Rückbau Gasleitung Beachofen		913,00	913,00	abgestimmt Garber/CM v GU
D31		Hotel	14.09.05	Waschbecken Friseur	HKLS	1.320,00	0,00	nicht ausgeführt
D32			14.09.05	Küchendecke Zentral		14.196,60	1.980,00	abgestimmt Garber/CM v GU
D32			14.09.05	Küchendecke Zentral			1.320,00	abgestimmt Garber/CM v GU
D33	ex C40		14.09.05	Drainageleitung Umkehrdach		1.632,10	0,00	abgestimmt Garber/CM v GU
D34		Hotel	19.09.05	Mehraufwand Deckenf.Randb.	GU	2.165,85	1.000,00	abgestimmt Garber/CM v GU
D35	E04	Hotel	19.09.05	Rollladen Mitarbeiterküche	GU	398,75	398,75	abgestimmt Garber/CM v GU
D36	E03	Hotel	19.09.05	Rolltor bei Durchreiche	GU	250,67	250,67	abgestimmt Garber/CM v GU
D37		Hotel	20.09.05	Heizkörperänderung	HKLS	30.930,91	14.188,09	abgestimmt Garber/CM v GU
D38		Hotel	21.09.05	Hard-u.Software zus. Zähler	MSR	13.564,85	4.820,27	abgestimmt Garber/CM v GU
D39		Hotel	21.09.05	Teppiche schützen		4.032,13	0,00	abgestimmt Garber/CM v GU
D39				Teppiche schützen		0,00	1.000,00	KORREKTUR ZU D39
D40		Hotel	21.09.05	Türliste samt Koordination	GU	11.053,42	5.000,00	Bauherr Entscheidung
D41		Hotel	26.09.05	Beschilderung Allgemeinber.	GU	0,00	0,00	siehe E 31.02
D42	E04	Hotel	29.09.05	Rauchabschlusstüren Küche	GU	0,00	0,00	enthalten in A47
D43	E03-04	Hotel	29.09.05	Nachträgliche GK-Wandändg	GU	0,00	0,00	abgestimmt Garber/CM v GU
D44	E05	Hotel	03.10.05	Änderung Notausgang	GU	4.500,00	1.707,13	50/50 Teilg Reparaturkosten
D45		Hotel	03.10.05	Zusätzl. Alarmkontakte	Elektro	1.619,77	1.619,77	abgestimmt Garber/CM v GU
D46		Hotel	18.10.05	Abdeckplatten Holzboden	GU	7.645,00	221,89	abgestimmt Garber/CM v GU
D47		Hotel	08.11.05	Waschbecken öffentl. Bereich	HKLS	6.600,00	0,00	abgestimmt Garber/CM v GU
D47							5.868,97	KORREKTUR ZU D47
D48		Hotel	15.11.05	Bohrungen Liftentlüftung	GU	116,59	0,00	abgelehnt, intern
D49			16.11.05	Behinderung Forcierung Hotel	HKLS	345.851,33	0,00	abgelehnt, intern
			16.11.05	Behinderung Forcierung SPA	HKLS	154.000,00	0,00	abgelehnt, intern
D50			16.11.05	Behinderung Forcierung Hotel	Elektro	186.852,88	0,00	abgelehnt, intern
D51			16.11.05	Behinderung Forcierung GU	GU	250.000,00	0,00	abgelehnt, intern
D52	E05	Hotel	17.11.05	zusätzliche Sprinkler SPA		1.600,80	1.600,80	abgestimmt Garber/CM v GU
D53			18.11.05	Auslassänderungen Elektro		74.377,75	67.259,73	abgestimmt Garber/CM v GU
D54			22.11.05	Markierung TG		6.873,90	2.945,12	abgestimmt Garber/CM v GU
D55			01.12.05	Versiegelung Sichtfenster Dusch		1.166,00	0,00	abgelehnt, intern
D56			30.01.06	Dachrinnenheizung		3.035,43	3.035,43	abgestimmt Garber/CM v GU
D57			23.01.06	Baustellenüberwachung		39.865,46	39.865,46	abgestimmt Garber/CM v GU
D58	E04		07.02.06	Teppichboden im Tangsraum	GU	192,50	0,00	abgestimmt Garber/CM v GU
D59			07.02.06	Abdeckleiste Naturstein Fe-bank	GU	660,00	0,00	in Naturstein E 31.11
D60			14.02.06	Zusätzlicher TV-Anschluss Jugend		276,05	276,05	abgestimmt Garber/CM v GU
D61			14.02.06	Hängeborde Küchenkonsolen		2.940,00	2.940,00	abgestimmt Garber/CM v GU
D62			15.02.06	HKLS Filtertausch	HKLS	6.710,00	2.000,00	abgestimmt Garber/CM v GU
D63			21.02.06	zusätzliche Innentüren SW		17.234,14	0,00	unklar ob bestellt wird
D64				Musterzimmer		22.000,00	15.409,00	abgestimmt Garber/CM v GU
				SUMME (inkl. aller Zuschläge, ohne Ust)		1.490.697,08	261.531,98	
				eingesparte SUMME durch Claim Management			1.229.165,10	

Tabelle 12: Gegenüberstellung der Eigenclaims an den Bauherrn am Beispiel der „D-Unmittelbare Anordnungen"

Insgesamt ergab sich ein mögliches Claimpotential an Forderungen von circa € 4,8 Millionen, das durch den Claim Manager des Bauherrn gegenüber dem Generalunternehmer abzuwehren war.

In folgender Abbildung 18 wird der „best case", der „worst case" und die tatsächlich anerkannten Mehrkostenforderungen dargestellt.

Claims-Mehrkostenforderungen		
	Claims vom Generalunternehmer eingereichte Mehr-/Minderkosten zur Prüfung (€ gerundet auf 1.000)	Anerkannte Mehr-/Minderkosten seitens des Bauherrnvertreters (€ gerundet auf 1.000)
Mehrkostenforderungen alt (aus 2004)	538	348
A- Planzusammenführung	402	169
B- Ausstattungsänderungen	266	150
C- Nachträgliche Anordnungen	1.603	444
D- Unmittelbare Anordnungen (vgl. Tabelle 12)	1.491	262
E- Budgetpositionen	510	370
M- Minderkosten	11	137
OM- Optische Mängel	0	8
Summe (der Claims an den Bauherrn)	4.821	1.888
Der „best case" stellt die vollständige Abwehrung aller Mehrkostenforderungen durch den Bauherrnvertreter gegenüber dem Generalunternehmer dar.		best case = 0
Beim „worst case" wird angenommen, dass alle Eigenclaims an den Bauherrn erfolgreich durchgesetzt werden können und das Claimpotential somit zu 100 % ausgenutzt werden kann.	worst case = 4.821	
Tatsächlich anerkannte Mehrkosten		Tatsächlich anerkannte Claims = 1.888

Abbildung 21: Auswirkungen des Claim Managements auf das Projektergebnis

In Wirklichkeit konnten durch den Bauherrnvertreter Mehrkostenforderungen von insgesamt mehr als € 2,9 Millionen abgewehrt werden. Die in der Abbildung 21 dargestellten „best-" und „worst cases" sollen verdeutlichen, wie wichtig ein nachhaltiges Claim Management sein kann. Ohne Claim Management gegenüber dem Generalunternehmer hätte sich das Projektergebnis wesentlich verschlechtert.

5.1.6 EIGENCLAIMS AN DEN PÄCHTER DES HOTELS

Gegenüber dem Pächter des Hotels ergab sich ein mögliches Claimpotential von ca. € 3,4 Millionen, welches seitens des Bauherrnvertreters eingefordert werden musste.

Das Hotelprojekt sollte vertraglich einen Monat vor Fertigstellung und Eröffnung an den Pächter übergeben werden, damit dieser einen „Testlauf" mit von ihm eingeladenen Gästen durchführen konnte. Aufgrund baulicher Verzögerungen stellte sich ca. drei Monate vor Fertigstellung heraus, dass dieser Termin nicht gehalten werden kann, sondern der Fertigstellungstermin ident sein muss mit dem Eröffnungstermin (vgl. Abb. 20). Damit war es für den Pächter des Hotels nicht mehr möglich, einen Testlauf durchzuführen und deshalb stellte dieser Schadenersatzforderungen in den Raum. Diese Forderungen wurden in Claimverhandlungen mit den Eigenclaims an den Pächter des Hotels gegenüber gestellt. Im Zuge dieser Verhandlungen mussten die optionalen und zusätzlichen Projektkosten mit dem Pächter des Hotels fertig verhandelt werden, da der Pächter rund € 1,5 Millionen der optionalen und zusätzlichen Kosten (Change Orders) nicht akzeptierte.

In folgender Abbildung 22 werden der „best case" und der „worst case" dargestellt.

Der „best case" stellt die vollständige Abwehrung der Pönalen und die komplette Durchsetzung der eigenen Claims dar. Zudem wird angenommen, dass alle Change Orders vom Pächter des Hotels akzeptiert werden.

Beim „worst case" wird angenommen, dass alle Pönalen des Pächters des Hotels akzeptiert werden müssen und zudem die Kosten der Change Orders gegenüber dem Pächter des Hotels bis zu € 1,5 Millionen nicht geltend gemacht werden können.

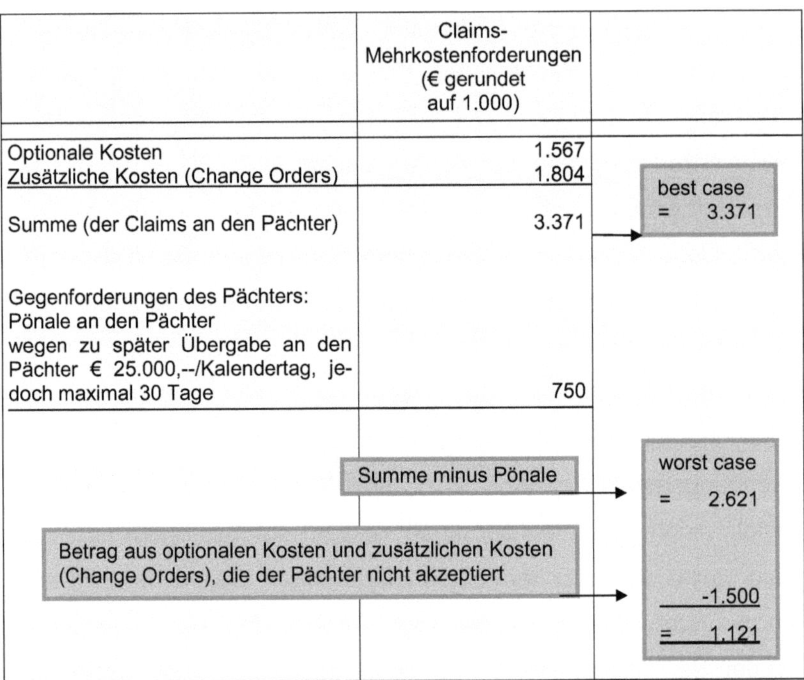

Abbildung 22: Auswirkungen der Eigenclaims an den Pächter des Hotels und Pönalen auf das Projektergebnis

Die in Abbildung 22 dargestellten „best-„ und „worst cases" sollen darstellen, wie wichtig nachhaltiges Claim Management im Projekt sein kann. Ohne Claim Management gegenüber dem Pächter des Hotels hätte sich das Projektergebnis deutlich verschlechtert.

5.1.7 ABSCHLIESSENDE CLAIMVERHANDLUNG

Erst im Zuge der Schlussrechnung des Generalunternehmers an den Bauherrn Ende Feber 2006 trafen sich die Vertragspartner zu der abschließenden Abschlussverhandlung aller Claimfälle zwischen Bauherr und Generalunternehmer.

In dieser Verhandlung wurden die noch ausstehenden Zahlungen in Höhe von rund € 11,8 Millionen, Eigenclaims an den Bauherrn in Höhe von ca. € 4,8 Millionen und die vertraglich vereinbarte Leistungsprämie für pünktliche Fertigstellung gemäß Vertrag § 5 Abs. 1 (vgl. Tabelle 10) zum 15.12.2005 durch den Generalunternehmer verhandelt (vgl. Abb. 23).

Folgendes soll hier noch kurz erwähnt werden. Während der Projektabwicklung wurde bekannt, dass der Bauherr mit dem Pächter des Hotels keine Einigung hinsichtlich der Eigenclaims im Sinne einer Bezahlung erreichen konnte, sondern hiefür der Pachtzins über die gesamte Laufzeit von 20 Jahren entsprechend angehoben wurde. Der Pächter wollte ursprünglich gar nichts bezahlen, da er für die laufenden Planänderungen nichts konnte, da er vertraglich erst im Dezember 2004 entschieden hat, das Hotel zu betreiben. Zu diesem Zeitpunkt war das Hotel im Rohbau bereits fertig gestellt und es waren noch keine typischen Merkmale des Betreibers im Hotel eingearbeitet.
Dadurch ließen sich die ständigen Änderungswünsche - Verbesserung der zu liefernden Qualität und Änderungswünsche hinsichtlich der Nutzung verschiedener Räume - seitens des Pächters des Hotels erklären.
Weiters war dem Generalunternehmer vor der Verhandlung und während der gesamten Bautätigkeit die unzureichende Liquidität des Bauherrn bewusst, daher wurde der Streitwert seitens des Generalunternehmers mit € 38,77 Millionen angesetzt. Um eine baldige Abschlussverhandlung zu erreichen, wurde dieser Streitwert von Seiten des Generalunternehmers mit einer gewissen Frist angeboten. Der Bauherr hatte vor dieser Verhandlung bereits mehr als 50 % der vom Generalunternehmer gestellten Mehrkostenforderungen durch den Claim Manager des Bauherrn erfolgreich ablehnen können.

Bei der Abschlussverhandlung wurden alle Claims als Claimpaket dargestellt und mit der geforderten Leistungsprämie für die Fertigstellung des gesamten Hotels zum 15.12.2005 verhandelt. Folgende Abbildung stellt die Ausgangssituation und das Resultat der Verhandlung klar (Abb. 23).

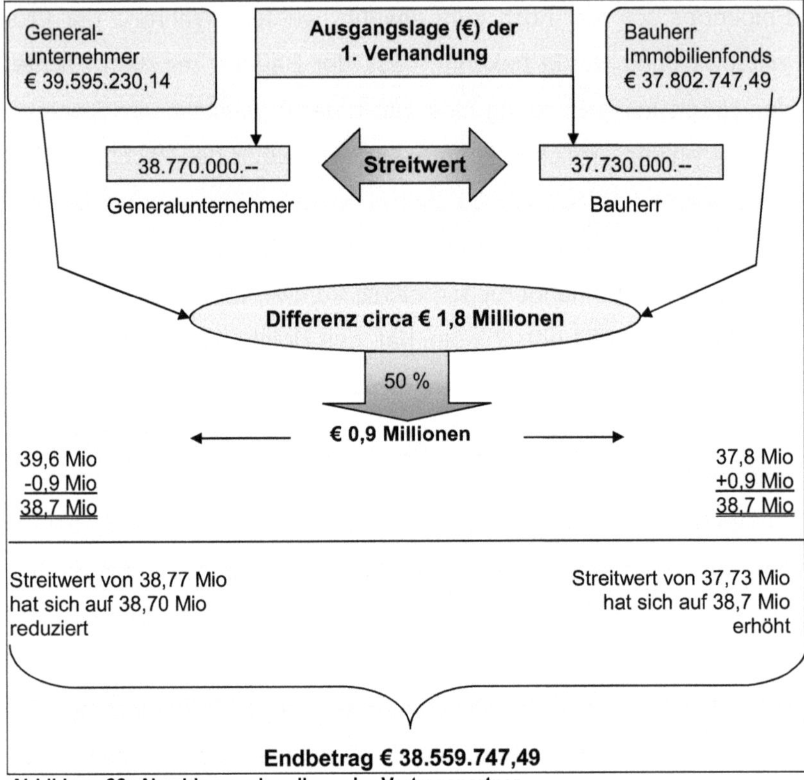

Abbildung 23: Abschlussverhandlung der Vertragspartner

Da bei dieser Abschlussverhandlung Einigung getroffen werden sollte und man das Schiedsgericht nicht als mögliche Alternative ansah, wurde die Differenz der ursprünglichen Streitwerte ausgelotet, um eine gerechte Basis für eine Einigung zu erlangen (vgl. Abb. 23).

Gründe für den letztendlichen Claimerfolg waren folgende:
Die ursprünglich nicht akzeptierten Change Orders wurden in der

Verhandlung von Seiten des Generalunternehmers teilweise nachgewiesen und mussten daher vom Bauherrn teilweise akzeptiert werden.

Die Regelung der Leistungsprämie für die Fertigstellung zum 15.12.2005 war nicht klar, da der Generalunternehmer als ausführende Firma selbst an dem Projektverzug beteiligt war. Des Weiteren waren die Mitwirkungspflichten des Pächters des Hotels unzureichend erfüllt worden und diesen traf ebenfalls ein Verschulden. Die ÖNORM war nicht Vertragsbestandteil zwischen dem Generalunternehmer und dem Bauherr; wohl aber zwischen dem Generalunternehmer und den Subunternehmern. Dadurch konnte der Generalunternehmer viele Eigenclaims, welche er dem Subunternehmer bezahlen musste, nicht immer auf den Bauherrn überwälzen.

Der Endbetrag wurde auf € 38,56 Millionen festgesetzt. Durch die strategische Verhandlung und dem Einsatz des Claim Managements konnte die eingeforderte Leistungsprämie teilweise abgewehrt, Eigenclaims an den Pächter des Hotels durchgesetzt und das Projekt neutral und ohne Schiedsgericht abgeschlossen werden.

Bei diesem Projekt wurden anstatt der vom Generalunternehmer geforderten Eigenclaims in Höhe von € 4,8 Millionen insgesamt € 2,9 Millionen erfolgreich für den Bauherrn abgewehrt. (vgl. Abbildung 21)

5.1.8 ERFOLG DES CLAIM MANAGEMENTS IM PROJEKT

War das Claim Management im Gesamtprojekt erfolgreich? - Was wurde letztendlich erreicht?

Folgende abschließende Darstellung des Claimpotentials soll Aufschluss über das eingesetzte Claim Management in diesem Projekt geben.

Ohne den Einsatz von Claim Management hätte dieses Projekt keinen positiven Projektabschluss für den Generalunternehmer sowie für den Bauherrn gefunden.

Dies wird in der folgenden Gegenüberstellung verdeutlicht (vgl. Abb. 24).

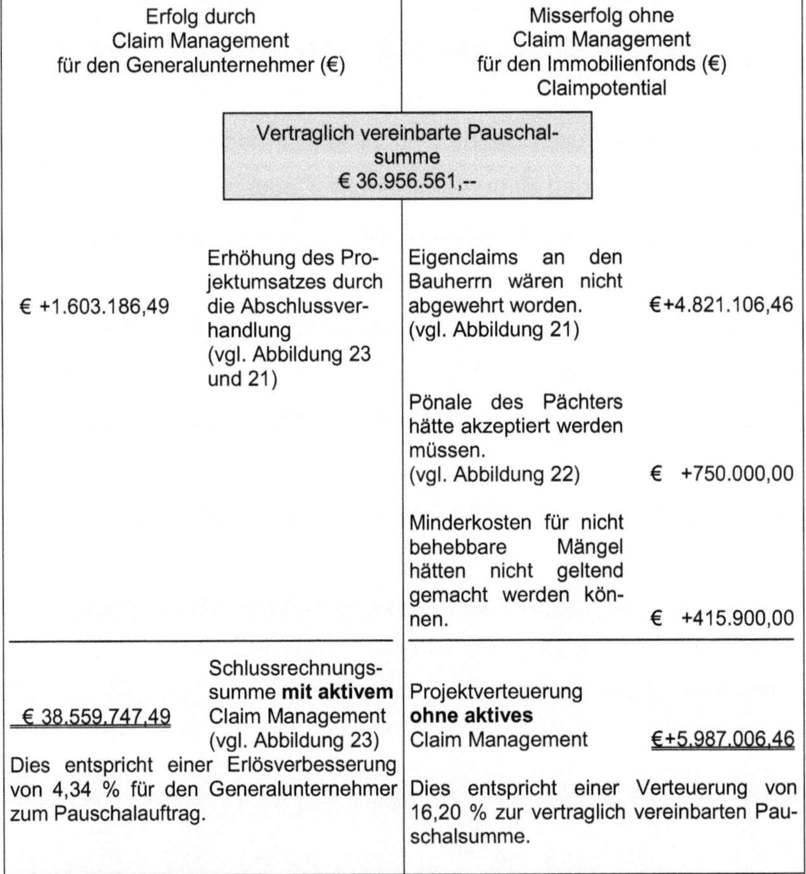

Erfolg durch Claim Management für den Generalunternehmer (€)		Misserfolg ohne Claim Management für den Immobilienfonds (€) Claimpotential	
	Vertraglich vereinbarte Pauschalsumme € 36.956.561,--		
€ +1.603.186,49	Erhöhung des Projektumsatzes durch die Abschlussverhandlung (vgl. Abbildung 23 und 21)	Eigenclaims an den Bauherrn wären nicht abgewehrt worden. (vgl. Abbildung 21)	€+4.821.106,46
		Pönale des Pächters hätte akzeptiert werden müssen. (vgl. Abbildung 22)	€ +750.000,00
		Minderkosten für nicht behebbare Mängel hätten nicht geltend gemacht werden können.	€ +415.900,00
€ 38.559.747,49	Schlussrechnungssumme **mit aktivem** Claim Management (vgl. Abbildung 23)	Projektverteuerung **ohne aktives** Claim Management	€+5.987.006,46
Dies entspricht einer Erlösverbesserung von 4,34 % für den Generalunternehmer zum Pauschalauftrag.		Dies entspricht einer Verteuerung von 16,20 % zur vertraglich vereinbarten Pauschalsumme.	

Abbildung 24: Projektumsätze mit und ohne Einsatz von Claim Management

Die Gegenüberstellung verdeutlicht die Wichtigkeit des Claim Managements im Projektgeschäft. Die geforderte Projektsumme konnte

nach der Abschlussverhandlung um 4,34 % gesteigert werden.
Wäre in diesem Projekt überhaupt kein aktives Claim Management betrieben worden, hätte dies eine Verteuerung des Projektauftrages um 16,20 % nach sich gezogen.
Auf Basis dieser Gegenüberstellung (vgl. Abb. 24) kann die Aussage getroffen werden, dass trotz verspäteten Einsatz des Claim Managements eine gesamte Einsparung in Höhe von ca. € 2,9 Millionen erreicht wurde und dies 7,85 % der vertraglich vereinbarten Pauschalsumme entspricht.
Durch effektives Claim Management konnte der Projekterfolg gesichert werden.

5.1.9 ABSCHLIESSENDE BEMERKUNG

Durch den rechtzeitigen Einsatz des Claim Managements hätten Unklarheiten und Störungen in der Auftragsabwicklung frühzeitig reduziert werden können. Claim Management zu Projektbeginn hätte den Arbeitsfortschritt verbessert, die Kontrolle auf der Baustelle und der Planung gefördert und das Projekt mit einer besseren Qualität zum Abschluss gebracht. Claimfälle und Change Orders wurden nicht zeitnah verhandelt und das Projekt wurde nicht wie geplant abgeschlossen.
Die Bedeutung des Claim Managements nahm im Projektverlauf mit den auftretenden Abwicklungsproblemen zu. Durch das Unterlassen des präventiven Claim Managements konnte dies nicht voll und ganz ausgeschöpft werden. Claimfälle mussten nachträglich dokumentiert werden, Projektdokumente mussten nachträglich geordnet werden und der Kommunikationsaufwand war sehr hoch.

Aufkommende Projektprobleme wurden verdrängt bzw. hinausgezögert. Durch „pathologische Politik“ konnte keine richtige Strategie in

Bezug auf den Umgang mit dem Bauherrn gefunden werden (DeMarco 2005, Szene 8).
Trotz des zu späten Einsatzes konnte das Claim Management dieses Projekt retten und den Abschluss für den Bauherrn positiv gestalten.

5.2 CLAIM MANAGEMENT – EIN MUSS IM PROJEKTGESCHÄFT

Warum Claim Management im Projektgeschäft angewendet werden muss, wurde bereits anhand vom vorgestellten Schlosshotel Kaps Kitzbühel projektbezogen vorgestellt. Hier wurde ein sehr hohes Claimpotential erreicht.

Wo liegen die Defizite der Unternehmer?
Wie hoch ist das durchschnittliche Claimpotential im Projektgeschäft?
Warum ist der kontinuierliche Einsatz dieser Managementform so wichtig?
Diese Fragen werden in den folgenden Abschnitten behandelt.

5.2.1 DEFIZITE VON UNTERNEHMEN IM PROJEKTGESCHÄFT

Eine Studie der Unternehmensberatung Arthur D. Little (ADL) ergab, dass die Ergebnismarge bei vielen Projekten in Gefahr ist.
Bei einer durchschnittlichen Ergebnismarge von 2 – 4 % ist das Projektergebnis durch die bereits in Kapitel 4.1. dargestellten Projekteinflüsse gefährdet. Aus der Studie geht hervor, dass 60 % der Projekte mit 2 – 4 % unerwarteten Mehrkosten schon am Limit arbeiten. Weitere 20 % verzeichnen mit Mehrkosten von 8 % bereits keinen

Projekterfolg mehr. Die Studie belegt, dass die größten Effizienzverluste im Projektgeschäft durch die Vernachlässigung des Claim Managements entstehen.

Defizite bestehen auch beim Informationsmanagement. Lediglich 15 % der Unternehmen gaben an, dass sie bei allen Projekten über die vollständigen Informationen (Vertrag, Leistungsbeschreibung, etc.) der Projektanforderungen verfügen. Bei 62 % sei dies oft der Fall und die übrigen 23 % der befragten Unternehmen verfügen selten oder sogar nie über exakte Projektanforderungen.

Anhand dieser Studie wurde ebenfalls aufgezeigt, dass innerhalb der Projektorganisation kein großer Wert auf Wissensmanagement gelegt wird. Projekterfahrungen (lessons learned) werden von 60 % der befragten Firmen selten oder nie erfasst und dokumentiert.

Die Ergebnisse der Studie von ADL geben Aufschluss über die Defizite der Unternehmen. Um Claim Management betreiben zu können, müssen diese unbedingt behoben werden. Der Einsatz von Claim Management ist wichtig, um ein erfolgreiches Projektergebnis zu erzielen.

5.2.2 CLAIM MANAGEMENT - POTENTIAL IM PROJEKTGESCHÄFT

Bei Roland Berger& Partner kommt innerhalb der strategischen Beratung „PPO" (Project-Profit-Optimization) zum Einsatz. Dies ist ein Konzept rund um das Claim Management, um den Profit zu optimieren. Innerhalb von weniger als sechs Monaten sind unter Einsatz des Claim Managements beachtliche Erfolge zu verzeichnen (vgl. Abb. 25).

Projekt-typ	Land	Ver-trags-wert	Eigen-Claims (E) Fremd-Claims(F)	Summe Claims	davon durch-gesetzt	Rückge-winnung (R) Einsparung (E)	C.M. Poten-tiale
Commercial Develope-ment	D	50	E	10	8	8 (R)	16 %
HRSG-Anlage	GB	24	F	10	0,6	9,4 (E)	39,2 %
Dampfkessel-Installation	GB	20	F	3,5	0,5	3 (E)	15 %
Kraftwerk	GB	65	F	15	0	15 (E)	23 %
Flughafen / Elektroinstal.	Bahrein	100	E	15	12	12 (R)	12 %
Papierfabrik	China	130	E	18	16,5	16,5 (R)	12,7 %
Bauxit-Anlage	Venezuela	150	E	9	9	9 (R)	6 %
Kraftwerk	Nepal	380	E	110	80	80 (R)	21 %
Hotel	Türkei	30	F	16	4	12 (E)	40 %
Highway	Malaysia	122	E	55	37	37 (R)	30,3 %

Abb. 25 Claimpotentiale des Projektgeschäftes (vgl. Roland Berger 2004, S. 12)

Abbildung 25 veranschaulicht das enorme Claimpotential im Projektgeschäft. Es wird hier zwischen Eigen- und Fremdclaims unterschieden; das Potential bezieht sich auf das realisierte Volumen der Eigenclaims bzw. die Abwehr von Fremdclaims. Die einzelnen Potentiale ergeben sich aufgrund der durchgesetzten Claims. Das höchste Eigenclaimpotential wird mit 30,3 % des ursprünglichen Vertragswertes angegeben. Das Einsparungspotential bei der Abwehr von Fremdclaims reicht bis zu 40 % des Projektbudgets. Es ist anzumerken, dass diese Werte als absolute Spitzenwerte anzusehen sind und sicherlich Ausnahmen darstellen. Es soll jedoch gezeigt werden, was mit Claim Management in Bezug auf Eigen- und Fremdclaims erreicht werden kann. Aus der Literatur geht hervor, dass ein Potential (Einsparung bzw. Rückgewinnung) von 10 – 15 % des Projektbudgets mit Claim Management erreicht werden kann. „Größenordnungen von 10 % des veranschlagten Projektbudgets sind durchaus realistisch“ (Halbleib 2000, S. 133).

Der grundsätzliche Einsatz von Claim Management wird in der Literatur wie folgt beschrieben: Ein zu niedrig kalkulierter Angebotspreis soll zunächst den Zuschlag des Auftrages sichern. Das Claim Management dient anschließend der Erreichung des Projekterfolges (vgl. Halbleib 2000, S. 5).
Um ein Projekt erfolgreich zu gestalten gibt es laut Aussage eines Beraters von Roland Berger & Partner folgende drei Hauptansätze:

- ⇨ Aktives Claim Management gegenüber dem Bauherrn und den Lieferanten (Minder- und Mehrleistung, Behinderung, Change Order, etc.)
- ⇨ Hartes Verhandeln gegenüber der Lieferanten um die Auftragseingangskalkulation zu verbessern
- ⇨ Einsparungen im Aufwand: dabei wird versucht, die vertraglich gebundene Leistung mit beispielsweise weniger Arbeitsstunden zu erbringen. Hiefür eignen sich GPM-Verträge (Guaranteed Maximum Price). Bei dieser Vertragsart wird für einen definierten Leistungsumfang ein Preis festgelegt. In der Projektabwicklung bemühen sich alle Beteiligten, den tatsächlichen Aufwand zu verringern.

Auch ein Interview mit einem Berater von 11:55 PM-Consultants bestätigte, dass durch den Einsatz von Claim Management der Profit

verbessert werden kann. Das präventive Claim Management zur Ertragssteigerung ist legal. Er bemerkte zudem, dass die Vorgehensweise im Claim Management mit der Unternehmensstrategie abgeglichen werden sollte (vgl. Kapitel 4.2.1.2). Die Aussagen der Berater bestätigen, dass die in Kapitel 4 dargestellte Angebots- und Vertragsprüfung unbedingt notwendig ist, um hier versteckte Claimpotentiale der Bauherrnseite zu erkennen und zu dokumentieren.
Andererseits ist es ebenso notwendig, präventive Maßnahmen (vgl. Kapitel 4.2.1.4) in dieser Phase einzuleiten, um eine Basis für den Projekterfolg zu legen. Es wird nochmals deutlich, dass Claim Management viel Erfahrung, Verhandlungsgeschick und eine sehr gute interne Kommunikation aller Projektbeteiligten erfordert.
Weitere Beispiele aus der Praxis, welche den Claimerfolg und das Potential aufzeigen sollen, wurden ermittelt (vgl. Abb. 26). Die unterschiedlichen Claimvolumen ergeben sich aus der Projektstruktur des Projektgeschäftes (Ausschreibungsformen, Komplexität, Lieferung, etc.). Die Eigenschaften dieser Geschäftsart wurden bereits in Kapitel 2.1.2 beschrieben.

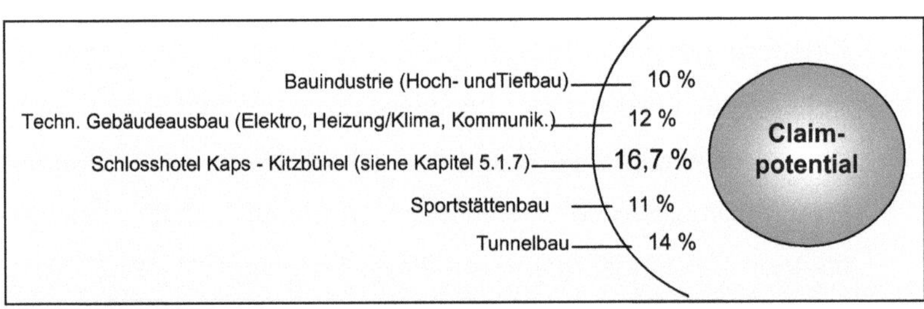

Abb. 26: Ermittelte Claimpotentiale eines Unternehmens, bei welchem der Autor tätig ist

Das höchste Claimpotential mit 16,70 % wurde in dieser Arbeit anhand des Schlosshotel Kaps Kitzbühel Projektes ermittelt (vgl. Kapitel 5.1.8).

Somit kann folgende Aussage getroffen werden:

Als realistischer Wert des zu erreichenden Claimpotentials zum ursprünglichen Projektbudget kann von ungefähr 5 – 15 % ausgegangen werden.

5.2.3 KONTINUIERLICHER EINSATZ VON CLAIM MANAGEMENT IN BEZUG AUF DEN UNTERNEHMENS-ERFOLG

Claim Management hilft, das gesamte Unternehmen erfolgreich zu gestalten. Eine einmalige Ergebnisverbesserung in Krisenfällen sollte nicht das Hauptziel des Claim Managements sein. Im Interview mit einem Berater von Roland Berger & Partner wurde die Verbesserung der Projektrenditen durch Claim Management geschildert und wird im Folgenden vorgestellt.

Beispielhaft wird dargestellt (vgl. Abb. 26) wie sich die Renditen der einzelnen Projekte im Unternehmen darstellen. Die Projekte wurden in vier Kategorien eingeteilt. Dabei liegt das Hauptaugenmerk auf der Masse der Projekte, die leicht positiv abgeschlossen werden. Mit einem Anteil von ca. 80 % aller Projekte eines Unternehmens, machen diese einen sehr großen Anteil des Unternehmenserfolges aus. Das Ziel sollte sein, dass deren Rendite um 0,5 bis 1,00 Prozent erhöht wird. Dies kann durch den kontinuierlichen Einsatz von Claim Management erreicht werden.

Eine Reduzierung der stark negativ abschließenden Projekte, mit einer katastrophalen Rendite von minus 10 Prozent kann durch Claim Management ermöglicht werden.

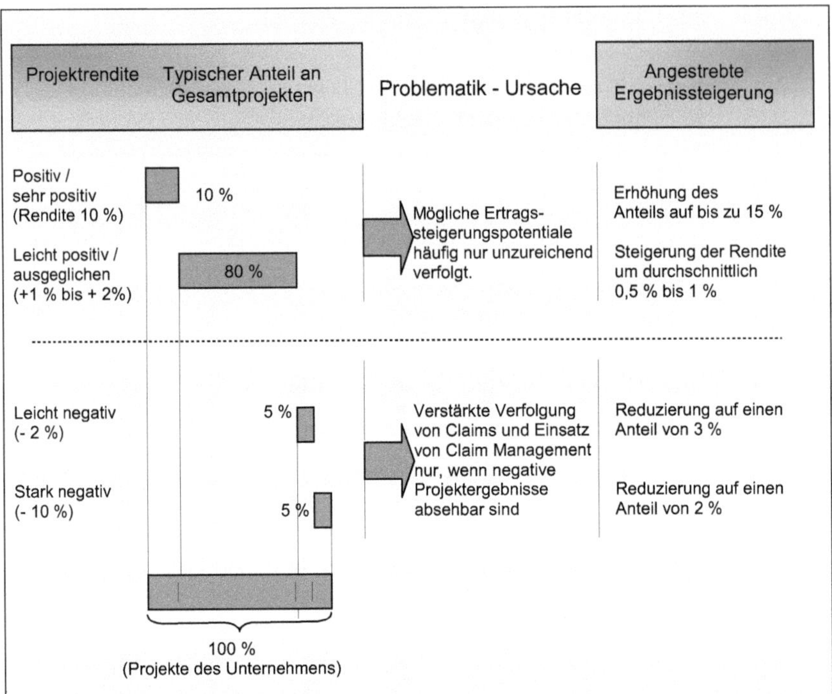

Abbildung 27: Ergebnissteigerung der einzelnen Projekte durch Claim Management (vgl. Roland Berger 2004, S. 14)

Die Problematik bzw. Ursachen der einzelnen Projektrenditen liegen in der nicht vollständigen Ausnutzung von Ertragssteigerungspotentialen. Oftmals wird bei einer absehbaren Ergebnisverschlechterung das Claim Management eingesetzt und Claims verstärkt verfolgt bzw. abgewehrt (vgl. Kapitel 5.1.).

Es wurde aufgezeigt, wie wichtig ein kontinuierlicher Einsatz von Claim Management im Unternehmen ist. Es hilft bei einer einmaligen Ergebnisverbesserung von jedem Bauprojekt, jedoch sollte das eigentliche Ziel des Claim Managements eine Steigerung der Rendite des gesamten Unternehmens sein.

6 ZUSAMMENFASSUNG UND AUSBLICK

Ausgangssituation dieser Arbeit waren die veränderten Einflüsse des Projektgeschäftes und der dadurch gefährdete Projekterfolg. In der Arbeit wurde gezeigt, wie wichtig der Einsatz von Änderungs- und Claim Management im Projektgeschäft in Bezug auf den Projekterfolg ist und wie Claim Management eingesetzt werden soll.

Anhand des Änderungslogbuchs wurde erklärt, dass eine Identifikation von Ansprüchen gegenüber Vertragspartnern eine systematische Kontrolle des Projektablaufs erfordert – dies wird durch das Änderungslogbuch erreicht.

Mit der Gestaltungsempfehlung wurde ein ganzheitliches Konzept zur Vorgangsweise im Claim Management erarbeitet.

Es wurde dargestellt, dass die meisten Claimpotentiale schon in der Angebots- und Vertragsgestaltungsphase entstehen und daher ein vorbeugendes Claim Management Grundvoraussetzung für ein aktives Claim Management ist. Dabei ist das frühzeitige Erkennen und Kommunizieren von Claims außerordentlich wichtig für die Durchsetzung. Es wurde gezeigt, welche Schritte für eine Claimdurchsetzung und –abwehr notwendig sind.

Die Notwendigkeit von Claim Management wurde anschließend anhand des Projektbeispiels aus der Praxis vorgestellt. In diesem Projekt wurden außerdem Defizite durch nicht angewandtes Claim Management aufgezeigt. Diese sollten aufzeigen, dass Änderungen und Verstöße gegen vertragliche Vereinbarungen ganz alltäglich im Projektgeschäft sind. Durch diese Projektaufbereitung wurde erkannt, dass der optimale Einsatz von Claim Management ein hohes Maß an Erfahrungswerten in der Projektabwicklung und ein großes Geschick bei Claimverhandungen mit den Vertragspartnern erfor-

dert. Durch den erfolgreichen Projektabschluss wurde die Sicherung des Projekterfolgs durch dessen Einsatz bestätigt.
Anhand weiterer Erfahrungswerte aus der Praxis und der Literatur wurde gezeigt, dass durch Claim Management das Projektergebnis um bis zu 17 % vom ursprünglichen Auftragsvolumen verbessert werden kann. Zudem wurde dargestellt, dass durch Claim Management die Rendite des gesamten Unternehmens gesteigert werden kann und dies das eigentliche Ziel von Claim Management sein sollte. Abschließend sollte auch erwähnt werden, dass durch den Einsatz von Claim Management, Konflikte zwischen den Vertragspartnern entstehen können. Es ist daher absolut notwendig, dass die qualifizierte Durchsetzung der Forderungen in einer fairen Verhandlung abläuft. Die Claimstrategie ist der momentanen Situation des Projektgeschehens ständig anzupassen. Eine gute Beziehung zum Kunden und Lieferanten sollte stets Berücksichtigung finden, da diese den eigentlichen Unternehmenserfolg ausmacht.
Die vorliegende Arbeit ist kein „Rezept" für wirkungsvolles Claim Management. Sie will aber Unternehmen der Baubranche bei der Entwicklung eines systematisch durchführenden Claim Managements unterstützen und Unternehmern und deren Mitarbeitern Hilfestellung zur Planung eines solchen Claimprozesses anbieten. Effektives Claim Management erfordert Engagement und Einsatz von jedem einzelnen Beteiligten eines Bauprojektes. Nur dann kann der Erfolg beim Claim Managementprozess als potentielles Werkzeug der Betriebsorganisation Abläufe verbessern und in wirtschaftlich schwierigen Zeiten notwendige Erfolge bringen.
Es ist zu erkennen, dass Claim Management aufgrund der geringen Gewinnmargen im Hochbau an Bedeutung gewinnt und diese Managementform in den nächsten Jahren sicherlich eine große Nachfrage finden wird.

LITERATURVERZEICHNIS

Bücher:

- *Backhaus, Klaus: Industriegütermarketing. - 6. bearb. Auflage. – München: Vahlen, 2003. 856 Seiten. ISBN-3-8006-2520-2*

- *Böker, Lothar: Vertragsrecht und Claim Management. Grundlagen für eine gesicherte, zielorientierte Auftragsabwicklung. - 3. neu bearb. Auflage. – Renningen/Malmsheim: Expert-Verlag GmbH, 2003. 127 Seiten. ISBN 3-8169-1238-9*

- *DeMarco, Tom: Der Termin – Ein Hörspiel über Projektmanagement. – Frankfurt: VDMA Verlag, 2005. 2 CD. ISBN 3-446-40049-4*

- *Ehrl-Gruber, Birgit & Süß, Gerda M.: Projektmanagement – Praxishandbuch. – Augsburg: Weka Media, 1995. ISBN 3-8111-7550-5*

- *Fisher, Roger & Ury, William & Patton, Bruce: Das Harvard Konzept. – 22. durchges. Auflage. - Frankfurt: Campusverlag, 2003, 2 CD. ISBN 3-593-36434-4*

- *Flucher, Thomas & Kochendörfer, Bernd & Minckwitz von, Ursula & Viering, Markus G.: Mediation im Bauwesen – 1. Auflage. - Wien: Ernst & Sohn Verlag, 2003, 441 Seiten. ISBN 3-433-01473-6*

- *Forst, Hans-Josef: Projektmanagement im Anlagenbau. – Berlin: VDE-Verlag, 1994. 91 Seiten. ISBN 3-8007-2062-*

- *Gutmannsthal-Krizanits, Harald: Risikomanagement von Anlageprojekten. Analyse, Gestaltung und Controlling aus Contractor-Sicht. – Wiesbaden: Gabler Edition Wissenschaft, 1994. 519 Seiten. ISBN 3-8244-6082-3*

- *Halbleib, Mattias: Claim Management. Eine Konzeption für die Beschaffung großindustrieller Anlagen als Referenzobjekte investiver Kontraktleistungsbündel. – Frankfurt am Main: Lang Peter GmbH., Europäischer Verlag der Wissenschaften, 2000. 553 Seiten. ISBN 3-6313-7393-*

- *Kühnel, Wolfgang: Change Order and Claim: Vertragsmanagement im Anlagenbau. - Frankfurt am Main: VDMA Verlag, 1998. 31 Seiten. ISBN 3-8163-0375-7*

- *Möller, Thor & Dörrenberg, Florian: Projektmanagement. – München: Oldenbourg, 2003. 178 Seiten. ISBN 3-486-27332-9*

- *Oberndorfer, Wolfgang: Claim Management und alternative Streitbeilegung im Bau- und Anlagenvertrag. – Wien: Manz, 2003, 176 Seiten. ISBN 3-2140-0278-3*

- Patzak, Gerold & Rattay, Günther: Projektmanagement. Leitfaden zum Management von Projekten, Projektportfolios und projektorientierten Unternehmen. - 4. wesentl. überarb. Auflage. – Wien: Linde, 2004, 600 Seiten. ISBN-3-7143-0003-1

- Süß, Gerda M.: *Die wichtigsten Methoden und Techniken im Projektmanagement.* – Kissing: Weka Media, 2002. ISBN 3-8276-7601-0

- Tiemeyer, Ernst: *Projekte im Griff. Konzepte, Tools und Checklisten zum erfolgreichen Projektmanagement.* – Bielefeld: W. Bertelsmann Verlag, 2004. 278 Seiten. ISBN 3-7639-3144-9.

- Watzlawick, Paul: *Wie wirklich ist die Wirklichkeit? Wahn – Täuschung – Verstehen.* - München: Piper Verlag, Neuausgabe 2005. Taschenbuch, 252 Seiten. ISBN 3-492-24319-3.

- Wildemann, Horst: *Kostenprognosen bei Großprojekten.* – Stuttgart: Poeschel, 1982. 248 Seiten. ISBN 3-7910-0328-3

- Wiswede, Günter: Einführung in die Wirtschaftspsychologie. – Dritte überarb. u. erweit. Auflage – München: UTB-Verlag für Wissenschaft, 2000. 379 Seiten. ISBN 3-8252-8090X.

- Winter, Gerd: *Leitfaden zur Angebotserstellung.* - Kissing: Weka Media, 2003. ISBN 3-8111-7559-9.

Normen und Gesetzesblätter:

- ÖN B 2110: Allgemeine Vertragsbestimmungen für Bauleistungen – Werkvertragsnorm. – Wien: Österreichisches Normungsinstitut, 2002.

Internet:

- Angermeier, Georg 2004: *Projekt Magazin, Konfigurationsmanagement* URL: <http://www.projektmagazin.de/glossar/gl-0278.html>, verfügbar am : 26.05.2006, 18:30

- Bellersheim, Volker 2003: *Vermeidung von Mehrkosten wird für deutsche Anlagenbauer überlebenswichtig.* URL: <http://www.industrie-serce.de/ C1256BC100329640.nsf/ArticleID-sorted/~656FD97EAD15E60DC1256DE30048D505?POpenDocument>, verfügbar am 14.06.2006, 13:30

- Knöpfel, Hans 2000: *Projektmanagement – Glossar* URL:<http://www.projekt.admin.ch/wissen/t-GlossarPM002-RZe.pdf>, verfügbar am 18.05.2006, 17:05

- Rechtslexikon – Online 2000: *Kaufmännisches Bestätigungsschreiben.* URL:<http://www.rechtslexikon-online.de/kaufmännisches_bestätingsschreiben.html>, verfügbar am 19.05.2006, 15:30

- Roland, Berger 2002: *Claimmanagement als Hebel zur Profitabilitätssteigerung im Projektgeschäft*, S 12 – S 18
URL:
http://www.rolandberger.com/documents/1197807/RB_Roland_Berger_Partner_Quarterly_Engineered_Pro_1999.pdf>, verfügbar am 19.05.2006, 15:45

- Schimmel, Ulrich 2003: *Projectmanagement@ICN. Claim-Management*
URL: <http://siemens.de/communications/pm/pm_at_icn>, verfügbar am 01.06.2006, 09:05

- UNI, Stuttgart 2004: *7. Bauvertrag*
URL: <http://www.ibl.uni_stuttgart.de/selfstudy/immobilie7.0.html>, verfügbar am 18.05.2006, 17:25

- 11:55 PM Consultants 2005: *Newsletter*
URL: <http://www.1155pm.de/newsletter/projektmanagement-newsletter-archiv.html>, verfügbar am 19.05.2006, 14:20

ANHANG

Anhang A: Checkliste zur Gestaltungsempfehlung

Ja	Nein	To do - Liste
		Phase 1: Vorbereitung zum CM
☐	☐	Wurde eine Organisation zum CM gebildet?
☐	☐	Wurde eine verantwortliche Person für das CM ausgewählt?
☐	☐	Wurde eine CM-Strategie ausgewählt?
☐	☐	Wurde präventives CM in der Vertragsgestaltungsphase berücksichtigt (Checkliste B)?
☐	☐	Wurde ein Vorgehen/System in Bezug auf die Projektdokumentation vereinbart?
		Phase 2: Mobilisierung des CM
☐	☐	Werden Änderungen in der Projektabwicklung schnell erkannt und kommuniziert?
☐	☐	Werden die Empfehlungen in Bezug auf das Eigen- und Fremdclaim Management berücksichtigt?
☐	☐	Wurden die einzelnen Claimfälle mit der Claimstrategie abgeglichen und vorab beurteilt?
☐	☐	Werden alle Möglichkeiten zur Beweissicherung ausgeschöpft
		Phase 3: Aufbereitung der Claims
☐	☐	Wurden die einzelnen Beweisstücke ordnungsgemäß abgelegt?
☐	☐	Wurde für den jeweiligen Claimfall eine Aufbereitung und Claimbewertung vollzogen?
☐	☐	Wurden die einzelnen Claimfälle mit der Claimstellung ausgewählt und auf die Claimtrias geprüft?
		Phase 4: Durchführung der Claims
☐	☐	Wurde ein Claimschreiben angefertigt?
☐	☐	Wurden sämtliche Vorbereitungen (Argumentation, etc.) für die Claimverhandlung getroffen?
☐	☐	Wurden alle öffentlichen Claims verhandelt und abgeschlossen?
		Phase 5: Nachbereitung
☐	☐	Wurde eine Erfolgskontrolle absolviert?
☐	☐	Wurden die Ergebnisse aus dieser Erfolgskontrolle analysiert?
☐	☐	Wurden alle Projektereignisse in der „Lessons learned“ in einem abschließenden Treffen diskutiert und protokolliert?
☐	☐	Wurden die ermittelten Ergebnisse des abgelaufenen Projekts in einer systematischen Form archiviert, um ggf. darauf zurückgreifen zu können?

Anhang B: Checkliste zu präventiven Maßnahmen

☐	Definition der Leistungs- und Liefergrenzen	☐	Ansatzpunkt zur Vergütung von kundenseitigen Projektstörungen und deren Folgen
☐	Festlegung von Pflichten und Leistungen der Vertragspartner bzw. Abgrenzung zu den Leistungen des Generalunternehmers	☐	Festlegung der Kalkulationsgrundlagen (Mengenumsätze und Terminplan)
☐	Einbindung von Regelungen des Generalunternehmers (Definitionen, Prozesse, Abläufe, Gewährleistungen) in das Angebot bzw. den Vertrag	☐	Beschreibung der angebotenen Leistungsinhalte in der Form, dass im Umkehrschluss erkannt werden kann, was nicht angeboten wird
☐	Vermeidung von „all inclusive" Formulierungen gegenüber dem Kunden	☐	Auswertung der Anfrageunterlagen und schriftliche Interpretation bei Unklarheiten (Bestandteil des Angebotes und der Anfrage)
☐	Auswertung der durch den Vertragspartner zur Verfügung zu gestellten Planungsunterlagen und Klärung der diesbezüglich zu Grunde gelegten Erwartungen in Bezug auf Art, Umfang und Zeitpunkt	☐	Freezepoint (Zeitpunkt, ab dem Änderungen des Kunden kostenpflichtig werden) festlegen und rechtzeitig Freigabe des Vertragspartners innerhalb einer Frist verlangen (Einbindung in die Verantwortung) - mit Nennung von daraus entstehenden Konsequenzen
☐	Definition von Abläufen zur Erfassung von Mehrleistungen	☐	Definition der Aufgaben des Vertragspartners zur Projektbetreuung
☐	Interessen des Generalunternehmers bei der Vertragsgestaltung nachhaltig durchsetzen	☐	Vertragliche Formulierungen so gestalten, dass sie später im Interesse des Generalunternehmers interpretiert werden können (in Zusammenarbeit mit Rechtsanwälten)
☐	Nutzung des Vertragsterminplanes zum Zwecke des Claim Managements (Kundenpflichten mit Verknüpfung auf die Vorgänge des Generalunternehmers)		

Anhang C: Änderungsantrag

<table>
<tr><td colspan="2">ÄNDERUNGSANTRAG (Change Request)</td></tr>
<tr><td>Antragsteller:</td><td>Datum:</td></tr>
<tr><td>Betroffenes Projekt:
Betroffenes Arbeitspaket:</td><td></td></tr>
<tr><td>Begründung der Änderung:</td><td>Beschreibung der Änderung</td></tr>
<tr><td>Zu ändernde Unterlagen:</td><td>Sonstige Änderungen:</td></tr>
<tr><td colspan="2">Auswirkungen der Änderungen:
- für andere Arbeitspakete:
- Termine und Kosten
- Funkionalität / Qualität der Ergebnisse:</td></tr>
<tr><td colspan="2">Änderungspriorität: hoch / mittel /niedrig</td></tr>
<tr><td colspan="2">Stellungnahmen:
- Projektleitung:
- Qualitätsmanagement:
- andere Fachleute:</td></tr>
<tr><td colspan="2">Änderungsantrag genehmigt? ja / nein
Begründung:</td></tr>
<tr><td colspan="2">Durchführungsbescheid/Änderungskonferenz

(Datum/Unterschrift)</td></tr>
</table>

Printed by Books on Demand GmbH, Norderstedt / Germany